AF493750

L

RÉFLEXIONS

SUR

L'ALGÈRIE.

RÉFLEXIONS

SUR

L'ALGÉRIE

Et les moyens de contribuer à sa Colonisation,

A L'AIDE DE CULTIVATEURS CHOISIS DANS LE DÉPARTEMENT
DE LA SEINE-INFÉRIEURE,

Et sur les modifications à introduire dans diverses Ordonnances qui régissent cette Colonie,

PAR M. BAILLET,

Ancien Avoué à Rouen.

PRIX : **5** FR.

A PARIS,

CHEZ
- GUILLAUMET et Cie, rue Richelieu, 14.
- DUTARQ, à la Librairie Agricole, rue Jacob, 26.
- DENTU, au Palais-Royal.

A ROUEN,

CHEZ
- A. LEBRUMENT, Libraire, quai Napoléon, 45.
- EDET Jeune, Libraire, rue Beauvoisine, 9.

Et chez les principaux Libraires du département de la Seine-Inférieure.

1848.

ERRATA.

Pages 54, 23ᵉ ligne, lisez *cinquante ans*, et non *trente ans*.

84, 4ᵉ — lisez *recettes*, et non *récoltes*.

89, 22ᵉ au lieu de *cette somme de* 53,000 *fr.*, lisez *cette somme ou* 53,000 *fr.*

95, 5ᵉ ligne, lizez *seizième* et non un *sixième*.

132, 6ᵉ — lisez *se fasse à Marman, et les causes.*

142, 14ᵉ — après les mots *en Fraude*, ajouter *et d'exempter*

170, 26ᵉ ligne, lisez *ce qu'on ne doit pas oublier*, au lieu de *ne pas doit oublier*.

ROUEN.— A. SURVILLE, IMPRIMEUR DE LA COUR ROYALE,
Rue des Bons-Enfants, 46-48.

INTRODUCTION.

Depuis 1830, on a beaucoup écrit sur l'Algérie, pour et contre sa conservation, et sur les moyens de la coloniser.

Si, maintenant, il ne peut plus être question d'abandonner cette partie de l'Afrique, il n'en est pas de même sur le mode à suivre dans la colonisation. Les uns la veulent exclusivement militaire, d'autres purement civile, d'autres encore demandent qu'elle soit mixte, protégée par l'armée, avec des centres de population de 500, de 100, de 70 ou 80 familles, placées dans des villages construits par l'État et à ses frais, avec des murs d'enceinte. Les uns veulent le refoulement complet des Arabes, d'autres leur maintien parmi nous. Enfin, il en est qui réclament pour ce pays une assimilation complète avec la France, et que toutes nos institutions y soient mises en vigueur.

En présence d'idées si absolues, si contradictoires, présentées chacunes comme l'unique moyen d'utiliser l'Algérie, de diminuer les charges qu'elle a imposées à la France, et qu'elle imposera longtemps encore, il est assez difficile de se faire une opinion personnelle sur la préférence à donner à l'un ou à l'autre de ces systèmes.

Malgré ce grand nombre de publications, d'appréciations si diverses, je doute que beaucoup de personnes s'en soient préoccupées dans le département de la Seine-Inférieure. A très peu d'exceptions près, ceux de nos compatriotes qui sont allés en Afrique y ont été conduits par les nécessités de leur industrie, un très petit nombre aura songé à la fécondité du sol, à l'utiliser, et aux avantages que nous pourrions en recueillir.

En 1847, et pour ce qui me concerne, j'ai eu l'occasion de visiter non pas l'Algérie, mais une portion seulement de la province d'Alger, et la vaste et magnifique plaine de la Mitidja.

Ce n'est pas sans une surprise extrême, que sur divers points, j'ai vu des récoltes en blé, en orge, en foins, bien supérieures à tout ce qu'on pourrait obtenir de pareil en Normandie.

En présence d'une végétation si riche, j'ai songé au parti qu'on pourrait en obtenir, en employant à la culture des terres de l'Algérie des ouvriers agriculteurs de notre Normandie, en leur offrant en échange de leur gêne actuelle, un avenir meilleur et une aisance qu'aucun d'eux ne pourrait obtenir de ses travaux en restant au milieu de nous.

C'est en Afrique, et en revenant de Blidah, que j'ai conçu la première pensée d'un projet d'exploitation *agricole* et particulière. Je me décide d'autant plus aisément à le publier, qu'il me paraît devoir concorder avec les idées du Gouvernement, qui semble avoir repoussé tous les systèmes exclusifs de colonisation, et qui, tout en faisant élever des villages pour les colons militaires et civils, désire cependant que la colonisation doive ses développements principaux aux efforts particuliers, par les moyens qui leur sont propres, sauf à les aider au besoin, et à leur assurer toujours une utile protection.

Je viens donc présenter, *non pas* un plan de colonisation générale (un pareil travail serait assurément trop au-dessus de mes forces), mais le plan d'une colonie agricole et particulière, à fonder par le concours des capitalistes et des ouvriers agriculteurs du département de la Seine-Inférieure.

Avant de faire connaître mes idées, je parcourrai, aussi rapidement que possible, celles émises par un certain nombre des écrivains qui se sont occupés de la colonisation générale, afin de faire apprécier leurs systèmes, et d'en tirer les inductions qni me paraissent favorables au mien, tel qu'il est.

Je terminerai par l'indication de quelques améliorations qu'il me paraîtrait utile d'introduire dans certaines ordonnances qui régissent l'Algérie.

Ainsi, cette publication se composera de trois divisions distinctes, ayant chacune une ou plusieurs parties, subdivisées en sections.

Dans la première, je m'occuperai de quelques-uns des ouvrages relatifs à la colonisation.

Dans la seconde, je placerai mon plan d'exploitation particulière.

Dans la troisième, je signalerai les améliorations que je réclame.

Dans l'examen auquel je me livrerai des productions faites sur cette matière, je suivrai l'ordre dans lequel je les ai lues, sans m'occuper de leur date et de leur plus ou moins de valeur relative. Si la critique que j'aurai à en faire, contrarie les idées de quelques-uns de mes lecteurs, tous reconnaîtront, au moins, qu'elle est franche ; et, sans songer à la différence de nos opinions, ils trouveront, je l'espère, que mon œuvre a un but utile, qu'elle est réalisable. Je désire que cette pensée puisse m'assurer leur concours, car la colonisation de l'Algérie n'est pas une affaire de parti, elle réclame le bon vouloir de tous les citoyens, abstraction faite de leurs idées politiques.

A MONSIEUR LE

BARON DUPONT-DELPORTE,

Pair de France, Préfet de la Seine-Inférieure,

à Messieurs les Pairs de France, Députés, et Membres du Conseil Général du même département,

A MESSIEURS LES PRÉSIDENT ET MEMBRES DE LA CHAMBRE DE COMMERCE DE ROUEN.

MESSIEURS,

Plus qu'aucun autre des départements de la France, celui de la Seine-Inférieure a déjà dû se féliciter de la conquête de l'Algérie, qui a fourni un vaste débouché aux produits de ses nombreuses manufactures ; à ce titre, et plus qu'aucun autre, il doit contribuer à fertiliser ce pays et à y fonder la colonisation par l'agriculture.

Dans le double but d'être utile aux intérêts de l'Algérie, et à ceux du département de la Seine-Inférieure, je me suis occupé de l'examen *de plusieurs des publications* faites sur cette colonie, *et de quelques-unes des ordonnances* qui la régissent.

Puis, en même temps, persuadé qu'il y aurait avantage pour notre population et notre commerce, à fonder en Afrique, un ou plusieurs grands établissements agricoles, composés de cultivateurs choisis dans notre pays, j'en ai formulé un projet, à l'occasion duquel je suis entré dans tous les détails qui m'ont parus propres à démontrer qu'on pourrait s'en occuper avec l'assurance d'en obtenir de très bons résultats.

Permettez-moi de vous dédier mon œuvre, en appelant sur elle votre bienveillante attention.

Si, de votre examen, il résulte que mon projet est exécutable, vous pourrez, plus que tous autres, contribuer à sa réalisation, parce que votre approbation et votre concours donneraient, à mes idées, une autorité que mes paroles ne sauraient leur obtenir.

Veuillez être persuadés, Messieurs, que je m'estimerais heureux, si mon travail, tout modeste qu'il est, vous paraissait utile et digne de vos suffrages.

J'ai l'honneur d'être,

MESSIEURS,

Votre très humble et très obéissant serviteur,

Signé BAILLET.

IDÉES GÉNÉRALES

SUR LA

COLONISATION

DE L'ALGÉRIE.

PREMIÈRE DIVISION.

PREMIÈRE PARTIE.

Moyens de colonisation, d'après M. Denain, indiqués par lui dans une Brochure publiée en 1847 [1].

« Si, dit M. Denain, au lieu de refuser l'annexion de » la Belgique, d'évacuer Ancône, etc., etc., dominés » par de nobles sympathies nationales, ont eut pro- » clamé sans détour que le but de la France était de re- » prendre tôt ou tard ses limites naturelles. Si, aux idées » de despotisme et d'esclavage, on eut opposé courageu- » sement chez les peuples opprimés les idées libérales, » l'émancipation politique, les droits de l'homme enfin, » le génie de la France eut été prépondérant dans le

» monde, etc., etc., » on pourrait bien n'avoir pas à s'occuper de l'Algérie, mais puisque « *pour mériter les* » *indulgences de la trinité despotique du Nord* et apai- » ser les jalousies inquiètes de la Grande-Bretagne, » nous n'avons pas, après 1830, révolutionné l'Europe pour y implanter nos idées, « *pour ne pas continuer une* » *fatale impéritie, sauvegarder notre indépendance,* il faut » faire un généreux effort vers l'Algérie, » *afin de relever notre tête au rang des nations en travail d'avenir.*

Voilà des reproches bien sévères à l'adresse du Gouvernement, des regrets bien chaudement exprimés sur les fautes qu'on lui impute, des conseils bien hardis, des phrases bien ronflantes ; le tout pour servir de préambule à un projet de colonisation, qui n'eût rien perdu à se produire sans l'accompagnement de ces réflexions banales, répétées depuis quinze ans et redites chaque jour avec de légères variantes, par tous les journaux qui ont la prétention de diriger l'esprit public, d'en être les seuls vrais organes, et qui veulent cependant relever bien haut le nom et le glorieux drapeau de la France, en montrant chaque jour ses gouvernants à genoux devant les chancelleries étrangères, pour se faire pardonner leur origine de 1830 ! ! !

Avant d'examiner les plans de colonisation de M. Denain, disons quelques mots seulement sur les idées dont il a cru utile de les escorter.

De quel droit, en 1830, en supposant (ce qui n'est pas), qu'elle eût été en mesure, la France aurait-elle fait irruption générale en Europe pour imposer ses idées et les améliorations qu'elle venait de conquérir ou qu'elle espérait obtenir? Au nom de l'Humanité, nous dit-on, qui nous tendait les bras, et sans aucun esprit de conquête ; mais, par un miracle nouveau, la France de 1830 avait-elle reçu du ciel la mission d'aller régénérer le monde, et d'imposer à des peuples étrangers nos lois, nos mœurs, nos idées de liberté et d'égalité ?

Cette propagande d'idées ne pouvait se faire utilement qu'avec des armées prêtes à en appuyer le développement par la force ; elle eut eu lieu aux frais du pays, au prix du sang de ses enfants, de son commerce, qui eût été anéanti à l'instant même, de la misère publique, qui en eût été la conséquence forcée ; elle eût occasionné une guerre européenne, que nous n'étions en mesure ni de faire ni de soutenir, et qu'il eût été inique d'entreprendre, lors même que nous eussions été dans des conditions plus favorables, car les règles de l'équité, de la raison, s'appliquent aux Gouvernements comme aux individus; et s'il n'y eut pas eu folie, il y eut eu au moins injustice révoltante à aller jeter le désordre, la guerre et ses fléaux inséparables chez les nations voisines, pour les contraindre à réclamer ainsi des colléges électoraux, le vote universel, les droits de l'homme enfin, etc., etc.; et tout cela sous le prétexte de faire de l'Humanité, sans aucun esprit de conquête ! ! !

En vérité, est-ce que ce prétendu amour de l'Humanité, qui nous eut tous fait soldats, eût pu être autre chose que du charlatanisme, un grand mot employé comme beaucoup d'autres, et dans le même but, pour remuer sans cesse les mauvaises passions et les tenir en haleine ?

M. Denain nous reproche d'être égoïstes, et se demande quelle est la cause du patriotisme anglais et des fiévreuses ardeurs des Américains du Nord.

Je ne sais où M. Denain aperçoit la volonté d'être utile à l'Humanité, dans le prétendu patriotisme anglais, qui, pour moi et beaucoup d'autres, n'est qu'un égoïsme froid et sec, reportant tout à sa nationalité spéciale, et s'occupant peu du bien-être des autres peuples, autrement que pour leur susciter des embarras. Le patriotisme des Anglais consiste à produire beaucoup et à écouler leurs produits avec rapidité et avantage, dussent-ils les imposer par la violence, la fin pour eux justifiant tout. Mais il y a loin de là à l'amour de l'Humanité, dont l'histoire ne nous indique pas qu'ils se soient jamais montrés les champions ardents, à moins d'un intérêt particulier à satisfaire.

Quant à la dynastie de 1830, qui, pour se nationaliser, « n'a pas suivi *la voie honnête qui lui était ouverte,* » celle de bouleverser l'Europe afin d'y être prépondérante. Il semble qu'elle a bien fait dans l'intérêt de la justice et d'une sage liberté, de ne pas suivre les inspirations de tous les brouillons qui la poussaient à la guerre, car, en cas d'insuccès (et les revers étaient au moins très possibles, malgré l'effervescence qui suivit les glorieuses journées de Juillet, au milieu de partis, poussant, les uns, à la République, d'autres, aux idées de l'Empire, et un plus grand nombre surtout à une troisième Restauration de la dynastie qui venait de disparaître), il eût fallu en rabattre de beaucoup de nos principes libéraux actuels, que la paix a développés, et qui, avec le temps, pourront profiter au monde entier. Nos vainqueurs eussent rivé de nouvelles chaînes à tous les peuples chez lesquels se produisaient quelques idées libérales isolées (idées que quelques nations dignes de nos sympathies ont voulu s'approprier en partie, trop vite), mais que le jeu de nos institutions n'a fait qu'accroître, et dont une portion notable de l'Italie réclame maintenant l'application.

Ce n'est pas dans les camps, au milieu du tumulte des armes, que les idées d'une liberté sage naissent, grandissent et se font écouter. La guerre peut enfanter des dictateurs ; mais les dictateurs, de tous les temps, ont été les oppresseurs de la liberté, surtout de celle que certains apôtres de doctrines dangereuses, certains prédicateurs sans bonne foi, réclament maintenant au nom du peuple et pour chacun de ses membres, afin d'arriver à une égalité imaginaire et chimérique !!!

Je n'ajoute rien de plus à ces réflexions, qui ont pour but de répondre à celle de M. Denain, et j'arrive de suite à l'examen de ses idées de colonisation.

Pour lui, elle ne peut se faire par l'armée (les combinaisons de M. le maréchal Bugeaud lui paraissent présenter de trop grands défauts), ni par les grands concessionnaires de terrains.

Pour ces derniers, il trouve qu'il y en a trop déjà, que ces concessions ne sont obtenues que par des agioteurs ou des votants, qui ne savent qu'obstruer la Bourse ou les ministères. S'il en est qui aient fait quelque chose, ce n'a été que pour réunir les meilleures terres à *leur castel*, et laisser à des métayers le soin d'exploiter le reste à des conditions qui ne laissent pas un cinquième du produit aux véritables cultivateurs.

Quant aux grands propriétaires, il les repousse, parce qu'ils feraient payer trop chèrement leur concours. Ce qu'il veut, c'est *l'établissement* de la grande culture et de *la petite propriété*, ce qui rendrait les colons heureux, riches et entreprenants. (Pag. 43 de son Mémoire.)

Il demande une association de 500 familles pour chaque centre de population, ce qui porterait à environ 2,500 à 3,000 individus, la force de chaque colonie. Il estime la dépense de chacun des établissements de même espèce de 1,000,000 à 1,200,000 francs, dont moitié serait payée par l'État, et l'autre moitié par chaque département français, qui devrait avoir sa colonie, ce qui donnerait pour chaque colon 2,400 fr. pour avoir maison, bestiaux et instruments de travail.

Chaque colon recevrait en propriété 10 ou 15 hectares, il vivrait avec le produit particulier de son jardin et de son champ, et de plus, il aurait sa part dans le bénéfice du travail collectif, qui serait à faire sur le territoire commun constituant *sa grande* culture; mais il n'en détermine pas l'étendue, qui cependant devrait être considérable pour occuper les bras de 500 familles.

Ainsi, chaque colon aurait d'abord à donner ses soins à la culture commune, puis ensuite aux 10 ou 15 hectares de terre formant sa propriété personnelle. Le tout serait dirigé par un chef d'une haute moralité, connaissant bien le travail et l'organisation du travail, et qui serait désigné par le conseil général du département fondateur.

180 Colonies du même genre, et qui, d'après l'auteur de ce projet, pourraient s'élever en moins de six ans, donneraient à notre patrie : gloire, *puissance*, richesse, etc., tandis que de présent elle fournit des résultats tout contraires.

Au premier aperçu, une pareille idée paraît grandiose ; mais, pour peu qu'on veuille l'examiner, on voit aisément qu'un pareil projet n'a été qu'effleuré, que son auteur, négligeant les détails essentiels, n'a pas aperçu l'impossibilité de son exécution.

En voulant réunir 500 familles d'un même département, M. Denain n'a pas réfléchi à la difficulté sérieuse, pour ne pas dire l'impossibilité, d'en déterminer un aussi grand nombre à s'expatrier à la fois ; et cependant, quelque avenir de fortune qu'on offre à des gens de la campagne, je ne crois pas qu'il existe, en France, un département où l'on puisse trouver 500 familles disposées à pareille émigration.

Le commerce des grandes villes offre seul des hommes entreprenants, aventureux, disposés à courir bien loin après la fortune. Or, pour coloniser en Algérie, ce n'est pas le peuple des grandes villes qu'il faudrait y diriger, mais celui des campagnes, qui, presque toujours, connaît les travaux de l'agriculture ; mais l'homme des champs est casanier, il aime sa commune, son voisinage, son église, et s'en éloigne difficilement. Avec de pareilles conditions, que je crois exactes, il serait impossible de réunir les 500 familles reclamées par M. Denain.

En supposant cette difficulté vaincue, il faudrait, dans chaque colonie, des individus de chaque corps d'état, comme boulangers, bouchers, épiciers, charpentiers etc., en admettant qu'ils puissent se rencontrer dans les 500 familles destinées à une même colonie, il faudrait que chacun consentît travailler pour la communauté agricole, en ne prenant que son 500me dans le bénéfice général; mais le cordonnier, le charron, l'épicier etc., seront constamment retenus chez eux par la nature de leur spécialité, ils ne pourront aussi fertiliser les 10 ou 15 hectares de terre qu'ils auraient reçu en arrivant, et cela, sous peine de priver les membres de cette trop grande association des divers objets, dont le besoin se fera sentir à chaque instant.

Enfin, si à l'aide d'une combinaison quelconque, ces individus travaillant pour la masse, trouvent cependant un temps suffisant pour cultiver leur propriété, emploi pour lequel beaucoup d'entre eux n'auront pas l'aptitude convenable, il faudra donc que l'espèce de conseil municipal, chargé de veiller aux intérêts généraux de l'association, se charge aussi de fournir chaque marchand des approvisionnements nécessaires, des bœufs, des étoffes, des cuirs etc., etc., sans quoi assurément ces marchands ne pourront tout à la fois, faire des voyages pour se procurer les marchandises dont ils auront besoin, être à leurs magasins, cultiver leurs terres, et contribuer à la culture de la grande ferme commune.

Quant au directeur général d'une pareille colonie, quelque capable et bien intentionné qu'il soit, et dont on fera un véritable suzerain ou despote, sera-t-il assuré de trouver l'obéissance nécessaire à ses ordres, et d'organiser sa comptabilité de telle manière qu'aucun soupçon ne s'élève sur son administration, et la justice des comptes qu'il aura à rendre à 500 familles ?

Évidemment, toute séduisante que puisse être cette idée de voir l'Algérie cultivée et peuplée en très peu de temps et par des Français, il faut bien le reconnaître, on doit la considérer comme un rêve, comme une utopie.

En effet, il est souvent difficile au maire d'un village de 250 à 300 habitants, de bien diriger les affaires de sa commune, d'y faire entretenir les chemins, d'obtenir des améliorations certaines, évidentes ; il n'est pas toujours secondé, même dans ses idées les plus utiles, par son conseil municipal, dans lequel se révèlent des haines, des jalousies, etc. Et l'on voudrait que le chef d'une agglomération de 3,000 individus environ, pût ainsi faire triompher sa volonté, ses projets, et les imposer au besoin !!!

Mais, au respect des travailleurs, ce chef, ce serait un grand seigneur, un haut aristocrate, obligé à chaque instant de s'absenter pour les besoins de la colonie, pour écouler ses produits; il n'en partagerait plus les travaux; enfin, il aurait le grave tort d'être chef, là où chacun des colons de M. Denain, ne voudrait trouver que des égaux.

Encore si l'Etat conservait une action directe et puissante, en échange de la moitié pour laquelle il contribuerait dans chaque création de colonie, il pourrait aider et surveiller le directeur, protéger au besoin les colons ; mais M. Denain refuse son assistance, parce qu'il n'a que *des agents corrompus, qui ne pourraient qu'entasser fautes sur fautes, turpitudes sur turpitudes*, comme si quelques malversations, bien déplorables sans doute, mais isolées, autorisaient un homme raisonnable à concevoir un pareil mépris pour tous les employés du Gouvernement !!!

Avant de passer à d'autres projets de colonisation, encore un mot de celui de M. Denain.

Il voudrait que chaque colon eût en propriété 10 ou 15 hectares de terre à cultiver dans les jours que lui laisseraient de libres les travaux à faire à la grande propriété communale. Il n'a pas réfléchi, sans doute, à ce que la culture bien faite de 15 hectares de terre emploierait grandement les membres de chaque famille, sans qu'ils puissent rien faire au bien commun, d'autant mieux que les terres d'Afrique étant très productives, comme il le proclame, réclameraient des soins assidus et répetés pour utiliser leur fertilité. Mais à l'époque des récoltes, chaque colon ne penserait qu'à celle de son champ, et on perdrait ainsi et nécessairement celle de la grande exploitation.

Enfin, M. Denain n'indique pas après quel délai, chaque colon voulant cesser d'être incorporé à cette quasi-république, pourrait se retirer dans son individualisme et exiger la vente ou le partage du bien commun, et, à cette occasion, ce qu'il y aurait à dire m'éloignerait trop de mon but.

En me résumant, je trouve dans le projet de M. Denain quelques idées séduisantes, et malgré tous les avantages que leur exécution pourrait présenter, si elle était possible, on doit y renoncer parce qu'il est inexécutable.

DEUXIÈME PARTIE.

PREMIÈRE SECTION

Colonisation d'après M. de Raousset-Boulbon.

« Suivant M. de Raousset, qui rend un légitime hom-
» mage aux services de l'armée, si la tâche du con-
» quérant est belle, la force qui produit et féconde est
» dans le colon ; aussi, prend il chaleureusement la
» défense de la population européenne, fixée en Algérie,
» population qu'il évalue à 110,000 ames. Pour lui, se
» fût-elle formée du rebut de l'Europe, de l'écume de
» la Méditerranée, elle travaille, elle possède, ce n'est
» pas une plèbe, c'est une société intéressée à l'ordre,
» mûre pour le régime de la loi. » Aussi, il réclame pour elle son assimilation complète avec la France : départements, sous-préfectures, communes et élections de tous les degrés, *même pour la députation*, parce que, d'après lui, plus de 2,000 individus étaient aptes, en 1847, à concourir à ces élections, ce qui placerait ce pays sous le droit commun.

Pour les Arabes, ils vivraient au milieu de nous, gouvernés pour longtemps encore par l'autorité militaire, ce qui n'empêcherait pas l'administration civile de fonctionner comme s'ils n'existaient pas.

Suivant lui, la réalisation de son projet serait un attrait puissant pour l'émigration, quand on lui dirait : « L'Etat vous offre, en Algérie, un sol qui fait et tiendra » de magnifiques promesses. La France y a transporté » ses institutions grandes et libérales. Vous emporterez » avec vous les droits inviolables qui s'attachent à votre » nationalité. Vos intérêts sont à jamais liés aux siens » et à son avenir ? »

Par cette application de nos institutions civiles, M. de Raousset voit l'armée et l'administration se rallier aux colons, tandis que maintenant l'armée, ses chefs, les administrateurs, ne pouvant pas acquérir et posséder, ne font que camper, n'ont pas d'intérêts personnels engagés dans la colonie, dont presque toujours ils méprisent les membres, qu'ils ont cependant mission de protéger.

Après avoir repoussé la colonisation exclusivement militaire, il examine la colonisation civile par l'administration. (Pages 34 et 41 de sa Brochure). Il en donne un plan que je vais analyser.

D'après lui, on devrait créer des villages de 100 familles, ayant chacune une concession de 10 hectares à cultiver, ce qui ferait 1,000 hectares par commune, avec addition de 10 hectares pour l'assiette même des habitations qui seraient réunies dans cet espace, cette agglomération étant une cause de force et de prospérité.

Dans son plan, l'établissement de chacun de ces villages devrait coûter 257,000 fr., ci. . . . . 257,000 f.

SAVOIR :

1° Expropriation de 1,010 hectares, si l'Etat n'en était pas propriétaire, 150,000 fr., ci 150,000

2° Levée des plans et confection des lots, 3,000 fr., ci. 3,000

3° Construction d'un puits ou d'une dérivation d'eau, 1,000 fr., ci 1,000

4° Construction d'une église et d'un presbytère, 6,000 fr., ci 6,000

5° Établissement d'un fossé d'enceinte, 6,000 f., ci. 6,000

6° Construction de 40 habitations, à concéder gratuitement à 40 colons, avec deux bœufs, deux vaches, des outils aratoires, une charrette, trois hectolitres de blé et quatre hectolitres d'orge. (Le tout avec 7 hectares de terre, pour raison desquels on leur imposerait une rente de 10 fr. par hectare), 91,000 fr., ci. 91,000

Somme égale. . . . . 257,000 f.

Après l'installation de ces 40 ménages, qui devraient en attirer d'autres, l'administration aurait dans le même village, et à sa disposition : 1° 30 lots de terre de chacun 10 hectares ; 2° 30 autres lots de 15 hectares. Les 30 premiers lots seraient concédés moyennant une obligation de construire et cultiver ; quant aux 30 derniers lots (et qui ne pourraient être concédés qu'après la mise en valeur et en culture des 30 lots qui précèdent), ils seraient mis en vente, et ne devraient pas produire moins de 450,000 fr., au moyen de quoi, l'Etat rentrerait dans ses avances, et au-delà.

Passant ensuite à la colonisation purement civile, M. de Raousset pense que l'Etat devrait composer des lots de 500 hectares, après avoir, au besoin, exproprié et indemnisé les Arabes, qui se trouveraient habiter dans le périmètre de ces 500 hectares de terre.

Chaque concessionnaire paierait 2 francs de rente à l'Etat par hectare de terre, il diviserait sa concession en 20 lots de 25 hectares, sur chacun desquels il serait tenu d'établir une famille européenne, pour cultiver à moitié fruit, pendant cinq ans, après quoi chaque colon conserverait en propriété 5 hectares de terre, qu'il administrerait à son gré, et suivant sa convenance.

Avant d'examiner ces deux systèmes dans leur généralité, je vais m'occuper d'abord du second, je dirai ensuite quelques mots sur le premier.

Sur le second système.

M. de Raousset évalue à 5,000 fr. la dépense à faire pour l'établissement de chaque colon ; mais il n'indique pas quelles constructions devront être faites pour son logement, celui de sa famille, de ses animaux, de ses ustensiles de travail et de ses produits. Il eût été bon qu'il s'expliquât pour pouvoir reconnaître sur quels chiffres il a établi son appréciation, et contesté celle de M. le maréchal Bugeaud, qui évalue cette dépense à 6,000 francs.

A propos de l'expropriation à faire subir aux Arabes, il trouve que l'administration aurait tort d'hésiter à user de ce moyen, qu'il résulte pour elle du droit de la victoire, et du mal que nous ont fait les Arabes, qu'on traiterait généreusement en les indemnisant.

Une pareille mesure présenterait cependant de bien graves difficultés, car les Arabes, fondés à se croire protégés par la capitulation de 1830 et les ordonnances intervenues depuis, se plaindraient amèrement et avec quelque raison, d'être ainsi expulsés de leurs biens, et reportés malgré eux sur d'autres points du territoire; et cela, pour favoriser des concessions partielles de 500 hectares. La mise à exécution d'un pareil projet donnerait lieu à bien des actes de rebellion, de vengeance, qui nuiraient longtemps à la sécurité des colons. A l'aide de quelques détachements de notre armée, on vaincrait les résistances partielles qui se produiraient; mais la mesure serait d'autant plus oppressive et fâcheuse, que déjà un certain nombre d'Arabes se sont mis à cultiver leurs terres en s'abritant de nos lois, dont la rétroactivité leur paraîtrait injuste.

D'un autre côté encore, les Arabes ne sont pas seuls propriétaires. Depuis 1830, beaucoup d'entre eux ont vendu, avec plus ou moins de bonne foi, leurs propriétés à des Français, quelques-uns de ceux-ci ont déjà bâti et élevé des fermes ; ils gêneraient la confection des grands lots de 500 hectares, à moins que, par une mesure déclarée d'utilité générale, on ne les expropriât aussi, ce qui ne manquerait pas de donner lieu aux plaintes les plus amères, qui, cependant ne seraient pas beaucoup plus fondées que celles des Arabes.

En vue de ces mécontentements, des troubles qui en seraient la suite, l'Etat ne trouverait pas aussi facilement qu'on se l'imagine les grands concessionnaires de lots de 500 hectares, et ces derniers, les 20 métayers que chacun d'eux devrait établir. Il y aurait crainte chez les uns et les autres.

En portant à 5,000 fr. l'établissement de chaque métairie, M. de Raousset fixe à 1,500 fr. la construction de chaque maison (somme supérieure, suivant lui, aux nécessités trouvées par M. le maréchal Bugeaud, pour les constructions pareilles de ses villages militaires).

Sans doute, il ne pourra s'agir de donner aux colons qui viendront en Afrique, des logements considérables, en échange des modestes chaumières qu'ils avaient dans leurs villages; mais encore il faut leur assurer le nécessaire. Si, comme on peut l'admettre, chaque famille se compose de cinq membres, il faut dans chaque maison une cuisine, une chambre pour le père de famille et sa femme, et deux autres pour les enfants de chaque sexe qu'ils ont ou pourront avoir; puis une pièce servant de magasin ou cave, pour le bois, les liquides et les provisions de toute espèce, nécessaires à un ménage; il faut de plus un hangar pour abriter la voiture et la charrue, une écurie pour les animaux de travail, un local pour recevoir les produits. Rien de tout cela ne constitue du superflu, c'est du strict nécessaire, et, quelque économie qu'on y apporte, les évaluations faites ne pourront être suffisantes, bien qu'on suive les conseils de M. le général Lamoricière lui-même, qui, à cet égard, recommande la plus grande parcimonie.

Or, s'il importe d'assurer la tranquillité des colons, il faut aussi veiller à la vie de leurs chevaux, de leurs bœufs; à la conservation de leurs instruments, de leurs récoltes, et les mettre tous à l'abri des brouillards froids et humides du soir, et des chaleurs étouffantes des mois de juillet, août et septembre.

Sur le premier système.

Une partie des réflexions qui précèdent, s'appliquent avec d'autant plus de raison au projet de formation de colonie par 100 familles, que, dans cette hypothèse, M. de Raousset n'évalue les frais de premier établissement de chaque colon qu'à 2,157 francs pour le fournir de maisons, bestiaux, instruments de travail et semences, évaluation qui paraît être d'une insuffisance évidente.

Mais ce n'est pas tout. Les premiers colons qui viendront occuper les 40 lots de terrain donnés par l'administration, pourront être laborieux et honnêtes ; mais ils seront essentiellement pauvres; à part un mobilier chétif, ils ne posséderont rien, ou à peu près, des avances nécessaires pour vivre, et mettre en rapport les terres dont ils auront été improvisés propriétaires, et ne pourront en attendre la récolte.

M. de Raousset prévient cette objection, en disant que ces colons devront, à l'aide de journées de travail faites au-dehors, subvenir aux premiers besoins de leur alimentation; mais, outre qu'en arrivant, il est peu probable qu'ils trouvent à s'utiliser ailleurs, c'est que s'ils travaillent ainsi, ils négligeront les travaux indispensables à faire à leur exploitation de 7 hectares de terre, qui réclameront tous leurs soins, pour assurer les ressources de l'avenir.

Sur l'ensemble des deux systèmes.

La misère des premiers colons arrivés en Afrique a déjà trop nui aux développements de la colonisation, détruit bien des illusions, arrêté plus d'un projet chez ceux qui pouvaient se sentir disposés à aller aussi fertiliser l'Algérie, et réaliser une fortune que les premiers partis, avaient rêvée, sans songer aux moyens de succès ! L'exemple du passé doit nous servir de leçon pour l'avenir, ce qui m'empêche de partager les idées de M. de Raousset. J'en vais, de suite, indiquer les causes générales.

DEUXIÈME SECTION.

Bon nombre des colons, dont parle M. de Raousset, séduits par la pensée d'obtenir une propriété que leur vaudra leur simple émigration, se donneront comme cultivateurs, et n'entendront rien à la culture; ils manqueront de guide pour les diriger; ils composeront plutôt un peuple de journaliers que des véritables cultivateurs, si indispensables pour coloniser sérieusement.

Dans le projet de M. Denain, tout inéxécutable qu'il est, on voyait apparaître un directeur, connaissant le travail et ses nécessités, commandant les travaux, les faisant exécuter. Ainsi, il y avait volonté et direction dans chaque centre de population. Dans ceux de M. de Raousset, j'aperçois des bras, mais la capacité qui doit les utiliser n'y est pas, bien qu'elle y soit nécessaire ; et il s'ensuivra que beaucoup de colons, devenus cependant propriétaires, seront aussi malheureux que lorsqu'ils ne possédaient rien, parce qu'ils ne sauront pas faire fructifier les terres confiées à leurs soins et à leur intelligence.

Les gens de la campagne sont presque toujours, et malheureusement, esclaves de la routine. Ceux qui auront quelques notions de culture, voudront faire comme chez eux, sans se préoccuper des différences de sol et de climat. De là, trop d'espérances déçues et d'infortunes véritables qu'il faut prévenir.

TROISIÈME SECTION.

Sur le refoulement et l'expropriation des Arabes.

Pour composer des lots de 500 hectares, au moyen de l'expropriation partielle des Arabes, il faudrait les reporter sur une autre partie du sol algérien, et les fixer en grand nombre sur un point donné ; à ce moyen, ces centres de population arabe, par cela seul qu'ils seraient nombreux, pourraient devenir une cause d'inquiétude pour leurs voisins. On créerait un obstacle de plus à ce qu'ils se forment à nos usages, à nos mœurs; on leur éviterait ainsi un contact utile et de tous les jours, avec nos nationaux. Leur division, au contraire, leur *immixtion* parmi nous est préférable, parce que, quelque éloigné que soit le moment où ils devront admettre nos coutumes, nos mœurs, on sera assuré de moins retarder ce moment, en les faisant vivre au milieu de nous, qu'en les éloignant et en les réunissant en tribus nombreuses, compactes, où leur esprit de tradition, de religion, de haine aveugle au nom chrétien, se conservera plus entière et plus ardente.

A côté de cet inconvénient, s'en placera un autre : l'autorité militaire chargée de gouverner, d'une manière absolue, les grands centres de population arabe, pourra, par instants, se trouver en lutte avec l'autorité civile, régissant les européens. Déjà on s'est plaint (à tort sans doute), sous l'autorité d'un gouverneur-général, que les Français trouvaient, dans les bureaux arabes, moins d'appui et de bienveillance que les anciens habitants de l'Algérie. Si ce mal existait, il ne pourrait que s'accroître, car l'autorité militaire chargée de les gouverner en aussi grand nombre, tendrait sans cesse à empiéter sur l'autorité civile, afin de mieux faire sentir les bienfaits et les avantages de son gouvernement.

Ainsi, en conservant aux Arabes leurs usages, en tant qu'ils ne sont pas contraires à nos lois, qui sont maintenant les leurs, il vaut mieux que la population algérienne, sans exception, ressorte d'une seule et même autorité, soit qu'elle soit exercée par un gouverneur-général ou un vice-roi, comme le désirerait M. le général Duvivier, entourée d'une haute direction civile, comme cela existe maintenant, et en attendant l'assimilation complète avec la France.

QUATRIÈME SECTION.

Sur les institutions civiles à appliquer à la nouvelle population algérienne.

De 1830 à 1840, cette population n'avait pas dépassé 40,000 individus; en 1847, elle était de 114,000, sa progression à suivi celle de l'armée.

Mais les Français entrent pour la moitié à peine (et en exagérant même) dans cette population. Si nos lois étaient appliquées entièrement à l'Algérie, elles ne profiteraient qu'aux habitants des villes, où la spéculation et le commerce ont conduit une population française, relativement assez nombreuse; quant aux cultivateurs, dont le nombre est malheureusement trop restreint, leurs vœux se feraient difficilement jour dans le choix des conseillers d'arrondissement, de département, de députés. Et ce sont cependant ces cultivateurs qui méritent le plus d'intérêt et de protection, car ce sont eux qui seront les seuls vrais et les plus utiles colonisateurs de l'Algérie !

Les commerçants, des villes de l'Algérie, n'y resteront que passagèrement, et jusqu'à ce que beaucoup d'entre eux, aient refait des positions, qui, sans doute, avaient reçu des échecs dans leur pays. Peu prendront racine s le sol africain. Tandis que les cultivateurs qui y auront conduit leurs familles s'y fixeront, pour la plupart, si, comme on peut et doit l'espérer, ils y trouvent plus d'aisance et de bien-être.

Au nombre des individus destinés à devenir électeurs, dans le système de M. de Raousset, il s'en trouvera une portion qui sera probe, estimable, animée de bons sentiments, de vues droites et utiles ; mais aussi, dans tous ces électeurs hétérogènes, sans aucun lien entre eux, il s'en trouverait beaucoup peu dignes d'exercer de pareils droits, car les antécédents d'un bon nombre ont dû contribuer pour beaucoup à ce dédain, reproché par la population civile à l'autorité militaire, qui sait, du reste, fort bien distinguer les gens honorables, les colons honnêtes, de ceux qui ne le sont pas, sans se laisser éblouir par la rapidité de certaines fortunes africaines, faites dans les spéculations sur les terrains, ou sur les achats de rente des Arabes, spéculations qui n'ont que trop contribué à former et autoriser le mépris dont on se plaint.

En France, on crie souvent après les élections et leurs résultats; et, pour être grossies et singulièrement exagérées par l'esprit de parti, ces plaintes ne sont pas toujours sans raison ; cependant l'élément électoral y est incontestablement meilleur qu'il ne le serait en Algérie. Les électeurs s'y connaissent, ils peuvent se renseigner sur les candidats qui s'offrent à leurs suffrages, leurs précédents, leur moralité, la confiance qu'ils peuvent inspirer, les démarches blâmables ou honteuses sont connues, et au besoin flétries ; mais en Algérie, ces électeurs se connaissant à peine, venant tous, de points différents de la France, sans renseignement les uns sur les autres, ne pourraient user de leurs droits avec discernement (1), et

(1) Un fait qui, pour être malheureux sans doute, n'en est pas moins exact, c'est que ce discernement pour faire de bons choix dans les élections, en général, n'existe pas même en France, malgré nos prétendues lumières; et le vote universel, si préconisé par quelques journaux, loin de remédier à un pareil mal, ne ferait que le rendre plus considérable, si, ce qu'à Dieu ne plaise, on arrivait à admettre les idées de ces mêmes journaux, qui ont pour prétexte l'égalité de tous les hommes entre eux.

Or, cette égalité n'est contestée par personne, et c'est dans l'intérêt de tous que le droit électoral n'est conféré qu'à un certain nombre, réunissant les conditions que la loi a prescrites.

Si la qualité d'électeur dérivait, d'après nos institutions, d'une espèce de droit divin ou d'un droit de caste, on comprendrait que cette qualité constituât un privilège contraire à l'égalité.

Mais on ne naît pas électeur, c'est en payant le cens qu'on le devient. Chaque citoyen est appelé à cette qualité, dès qu'il paie une certaine somme d'impôts.

Les électeurs actuels sont, en presque totalité, sortis du peuple proprement dit. La plupart d'entre eux ont été ou ouvriers, ou simples commis, petits marchands ou cultivateurs, et ont dû à leurs travaux, à leur esprit d'ordre, à leur économie, l'aisance, qui les a mis à même de devenir électeurs. Chaque citoyen a les mêmes moyens d'y arriver. Donc, ce n'est pas un privilège qu'une qualité que chacun est apte à obtenir.

En définitif, si, pour répondre à ces clameurs de vote universel, on publiait une statistique générale de tous les citoyens appelés à concourir aux élections communales, pour les gardes nationales, les conseils d'arrondissement, de département, et pour la chambre des députés, on verrait combien peu d'entre eux usent de leurs droits, même lorsqu'ils peuvent les exercer sans sortir de leurs communes.

On verrait des élections d'officiers faites par 8 à 10 électeurs, dans des compagnies composées de plus de 150 membres; des élections municipales, auxquelles la moitié à peine des électeurs inscrits a concouru.

On verrait, en consultant les registres des délibérations municipales dans les campagnes, combien il est difficile de réunir la moitié des conseillers mu-

leurs choix seraient rarement convenables. Chaque élu se préoccuperait trop des dépenses à faire là où il aurait des maisons et des terres, et trop peu de l'intérêt général, surtout de l'agriculture; l'individualisme devrait s'y montrer plus que partout ailleurs.

Chaque nation paie son tribut à la faiblesse humaine,

---

nicipaux. Et cependant ces réunions n'exigent pas de longues absences, ces conseillers sont dans une aisance relative, puisqu'ils sont *votants* et *élus*.

Pour les conseils d'arrondissement, de département et la chambre des députés, la crainte de quitter leurs affaires un jour ou deux, de faire quelques dépenses légères, empêche bien des électeurs d'user de leurs droits, malgré les sollicitations dont on les fatigue en faveur des candidats qu'il s'agit d'élire, qu'ils soient dynastiques, ministériels ou opposants. Car, dans chaque ligne, il y a un certain nombre d'électeurs qui s'agitent pour assurer le succès des idées auxquelles ils appartiennent; et cependant ces électeurs si indifférents sont dans l'aisance, puisqu'ils ont le droit de voter !!!

Néanmoins, en présence d'un pareil état de choses, qui est vrai, (et malgré les tables qu'à tort que certains aspirants à l'honneur de l'élection font ouvrir à leurs frais, pour allécher les électeurs de la campagne, ce qui est un vrai scandale, de quelque côté qu'il ait lieu.) On prétend trouver plus de zèle civique, plus de patriotisme dans la classe plus nombreuse de ceux qui ne possèdent rien !!! On veut qu'ils quittent des travaux qui assurent leur existence et celles de leurs familles, pour se rendre à des élections !!!

Partisans du vote universel, vous êtes de mauvaise foi, en vous disant les seuls amis du peuple, vous ne voulez que le désordre et l'anarchie. Et le désordre et l'anarchie, loin d'être favorables au peuple, le priveraient de ses travaux, qui, pour être pénibles n'en sont pas moins honorables! Que parmi vous, ils se trouvent quelques hommes d'honneur, de loyauté, que ce reproche ne puisse atteindre, cela est possible, parce qu'il peut arriver que des hommes estimables, bien intentionnés du reste, se fassent illusion; mais pour ces quelques hommes d'exception, il n'en est pas (s'ils ne servent aveuglément un parti), qui ne reconnaissent que le peuple, proprement dit, n'est pas dans les conditions qu'on peut raisonnablement désirer, pour lui conférer en masse l'électorat !!!

renferme quelques ames de boue, et la France n'est pas plus exempte que les autres de ce déplorable impôt. Son élément électoral est cependant, tel qu'il est, bien supérieur à celui que pourrait fournir, de présent, celui algérien, bien qu'il compte un certain nombre de gens fort estimables.

Qu'on essaie d'abord dans les villes, et plus tard dans quelques villages, des élections municipales, comme acheminement à un électorat plus étendu, cela se conçoit, peut-être sage, mais aller aussi loin que le demande M. de Raousset, me paraîtrait imprudent.

A mes yeux, la véritable colonisation doit être agricole. Qui ira s'en occuper ? des ouvriers laborieux de nos campagnes, que le désir de vivre plus heureux ailleurs éloignera de leur pays. Là, ces individus ne participent pas aux élections, et ils ne pourront regretter, en Algérie, la privation de droits dont ils n'avaient pas l'exercice en France.

Enfin, pour les grands concessionnaires de lots de 500 hectares, ils ne quitteront pas la France, qu'ils auront en vue d'aider en facilitant les développements de l'agriculture; partant, ils ne perdront l'usage d'aucuns droits. Enfin, si quelques-uns d'entre eux, plus courageux, plus réellement utiles que les autres à la colonie, vont s'y fixer, ils ne seront privés de ces droits électoraux que pour quelques années, car, lorsque l'agriculture se sera vraiment répandue, que la population actuelle se sera un peu renouvelée, on devra en revenir, à cet égard, aux idées de M. de Raousset, idées que je crois justes et bonnes, mais seulement prématurées. Ce qui me porte à les repousser, ainsi que ses deux plans de colonisation, qui, bien que présentant une pensée louable, conçue dans des vues utiles, me paraissent d'une réalisation impossible.

TROISIÈME PARTIE.

Examen de quelques pensées de M. le général Duvivier, sur la colonisation, en réponse aux projets de colonisation, publiés en 1842, par M. le maréchal Bugeaud.

A la page 17 de sa brochure, M. le général Duvivier définit ainsi cette colonisation :

« Établissement sur cette terre, aux frais de l'Etat, « d'un très grand nombre de petits propriétaires de lots « de terre, cultivant par eux-mêmes; interdiction ab- « solue de toute grande propriété terrienne, dans le but « d'augmenter, autant que possible, les habitants sur un « même espace, de diminuer, de toutes manières, le « nombre des ouvriers journaliers, et de prévenir le « paupérisme. »

Voilà une définition qui indique de suite toute la différence qui existe entre les appréciations de MM. Dénain et de Raousset, sur ce qu'ils regardent comme indispensables, et celles de l'honorable général.

Le mot colonisation, d'après lui, signifie : 1° pour quelques-uns, comptoir et entrepôt, ceux-là n'ont en vue que le commerce ; 2° pour d'autres, grandes exploitations agricoles, par de riches propriétaires, ce qui conduit, d'après lui et forcément, à la misère continue des travailleurs chargés de féconder ces grandes exploitations, et ne constitue encore que des spéculations industrielles ; 3° pour d'autres enfin, il signifie division de la terre, par petites portions, entre les bras travailleurs et propriétaires.

Pour lui, le commerce ne doit être qu'un accessoire de la colonisation; car, s'il fait la prospérité d'une nation devant les hommes, il ne fait pas celle d'un peuple devant Dieu. Suivant lui, l'Angleterre contient le peuple le plus commerçant du monde ; mais un quart de ses membres gémit et s'éteint dans la plus profonde misère. « Partant, dit-il, le commerce ne peut rien pour » la conquête coloniale, que de développer les besoins » du luxe et du bien-être, chez des colons qui ont » besoin d'une grande tempérance, d'une grande du- » reté de corps, d'une profonde abnégation et se vouant » à la pauvreté, mais fuyant la misère et l'aumône. »

Bien que la colonie doive être essentiellement agricole, le commerce est ainsi apprécié d'une manière trop sévère, car, sans lui, l'agriculture ne pourrait utiliser ses produits et les convertir en capitaux, destinés à augmenter ses moyens de travail, à élever des constructions indispensables, etc., etc. Pour moi, l'agriculture et le commerce, se donnant un mutuel appui, doivent exister simultanément, dans l'intérêt bien entendu de la colonisation.

Le colon ne trouvera pas, sur les fonds qu'il cultivera, les matériaux de construction, les bois, les fers, les vêtements, etc., etc., il devra les réclamer au commerce, qui s'accroîtra dans la proportion des développements de l'agriculture. A cet égard, l'Algérie devra avoir le sort de toutes ces sociétés qui se sont formées par l'agglomération d'individus, échangeant les produits qu'ils obtenaient en trop grande abondance, contre ceux qui leur manquaient.

Dès-lors, on doit reconnaître que si le commerce, proprement dit, ne fait pas avancer par lui-même, d'une manière directe et absolue, la colonisation, il lui est indispensable et s'y lie d'une manière intime. Pour appeler le commerce en Algérie, on n'aura pas à lui élever des maisons, à lui donner des terres, il viendra seul et de lui-même dès qu'il apercevra qu'il peut venir utilement. Quant aux cultivateurs, au contraire, il faut, pour les attirer en Afrique, qu'on leur présente des avantages certains et positifs, que le Gouvernement contribue de tous ses efforts à les leur assurer.

Plus loin et dans le cours de son ouvrage, M. le général Duvivier se plaint que l'État ait employé l'armée à créer des routes, des canaux, des constructions, à défricher les terres, à faucher les foins, travaux auxquels le soldat devrait rester étranger, parce que ce n'est pas pour les exécuter qu'il est venu, malgré lui, se ranger sous le drapeau, et que ce moyen de l'utiliser lui a fait subir des pertes considérables.

Cependant, il veut la colonisation prompte, forte, la réduction de l'armée, et, pour y parvenir, la colonisation par des hommes robustes et vigoureux, que l'on trouvera, dit-il (page 77), dans la partie saine de la nation, dont la vingtième est tombé dans la misère. Il veut de plus, qu'on forme des colonies, soumises à des règles obligatoires de discipline, partant de France toutes formées, avec leurs chefs spéciaux, pour aller s'établir sur un terrain bien choisi, *déjà retranché,* et offrant les logements indispensables.

Pour ces colonies, il prend d'abord les pauvres des campagnes, puis ensuite, ceux des villes, mélangés à ceux des campagnes, à l'aide de quoi, on arriverait à l'extinction de la la misère générale, problème contre lequel se sont brisées toutes les législations, et il arrive ainsi à une colonisation véritablement utile, qui, *sans massacres, sans pillages, soutenue par une force imposante,* se tenant sur le second plan, doit arriver à nous créer une véritable puissance.

Ainsi, M. Duvivier veut, pour ces colonies disciplinées, un terrain bien choisi, des maisons et des retranchements ; mais, qui pourrait faire ces constructions, si ce n'est l'armée, au moyen d'un supplément de paie aux hommes qu'elle fournit, si on n'arrive pas à enlever de vive force et en France, une bonne partie des ouvriers maçons, charpentiers, etc., etc. ?

Il faut que ces colonies soient nombreuses, pour qu'on puisse promptement diminuer l'armée; or, il faut une grande quantité de maisons, de retranchements, etc., travaux qui ne s'improvisent pas en un instant.

C'est l'armée, presque exclusivement, qui a construit les routes, les canaux, qui existent maintenant en Algérie, et quelques villages militaires. Sans elle, ces travaux n'auraient jamais été exécutés; car, dans le début, il fallait protéger efficacement les travailleurs, qui, souvent, ont dû saisir eux-mêmes leurs fusils, pour repousser les partis d'Arabes qui venaient les inquiéter, et des ouvriers purement civils se seraient montrés peu soucieux de pareils et de si dangereux travaux.

Cependant, sans ces constructions de chemins, de routes, de villages militaires, la colonisation agricole n'eût pu arriver, car elle n'eût pas eu protection et sécurité. Pourquoi donc, et dans de pareilles circonstances, faire à M. le maréchal Bugeaud et à ses prédécesseurs, un reproche d'avoir employé l'armée à des travaux destinés à préparer la colonisation, et sans lesquels on ne pourrait encore rien maintenant ?

Dans l'origine, ces travaux ont, le fait est vrai, occasionné de grandes pertes à l'armée; mais les constructions faites en routes, en canaux, en villages militaires, ont puissamment contribué à la richesse du pays, à l'assainissement et à la tranquillité des lieux où ils ont été exécutés. De sorte qu'en continuant maintenant une œuvre si utile, la portion de l'armée qui s'en occupe, n'a plus à se voir décimer; puis, ces travaux offrent aux soldats, qui s'y livrent, et dont l'éducation est assez avancée pour n'avoir pas besoin de faire chaque jour l'exercice, le moyen de faire quelques économies qu'ils pourront, en quittant le drapeau, rapporter dans leur pays. De sorte qu'il y a avantage pour eux et économie pour l'Etat, qui, le voulût-il, ne pourrait se procurer, en assez grand nombre, des ouvriers civils, pour que de pareilles entreprises puissent s'exécuter rapidement, et remplacer ainsi les bras vigoureux des colonies disciplinées, que M. Duvivier voudrait diriger en Afrique.

Il exige un grand nombre de ces colonies, puisque son but serait d'éteindre le paupérisme en France; mais, pour les établir ainsi, avec des maisons, des retranchements, etc., etc., il faudrait une masse énorme de millions et des sacrifices au-dessus des ressources des finances de l'Etat.

En admettant la difficulté d'argent vaincue, vouloir tout coloniser en même temps, c'est vouloir l'impossible, à moins de se livrer au plus déplorable et au plus révoltant arbitraire, afin d'enlever tout le paupérisme de France, pour l'implanter en Afrique, sous le prétexte que là cesserait sa misère; qu'en échange il y trouverait l'aisance à l'aide d'un travail pénible, mais sans communications faciles ; car M. Duvivier n'est pas partisan des grandes routes, comme offrant, en cas de guerre, trop de facilités à la conquête de notre colonie.

Assurément, l'auteur de ce projet n'a pas songé à la difficulté de composer, même dans le paupérisme de nos campagnes, des colonies disposées à s'expatrier, pour se soumettre à des chefs inconnus et à une discipline obligatoire.

Entendons-nous de suite sur ce paupérisme, qu'il s'agirait d'enlever de France, pour le transplanter en Algérie.

Ce n'est pas parmi les mendiants, proprement dits, quoique valides, qu'on pourrait songer à former ces colonies ; car, malgré leur misère, beaucoup d'entre eux ont des habitudes de paresse et d'ivrognerie qui ne leur permettraient pas d'apporter des bras vigoureux pour la colonisation ; le climat les aurait promptement anéantis. On ne peut le faire utilement, et avec espoir fondé de succès, que parmi les individus employés chez les cultivateurs comme charretiers, bergers, valets de cour, terrassiers, etc., etc., parce que, quoique pauvres assurément, ces individus pourraient fournir des gens sobres, laborieux, et possédant les premières connaissances utiles pour coloniser. Mais ces hommes se décideront difficilement, au moins en grand nombre, à se soumettre à des chefs spéciaux et inconnus, à des règles de discipline obligatoire, pour aller coloniser l'Afrique; ils préfèreront leurs travaux de tous les jours, tous pénibles qu'ils sont, leur gêne habituelle, à la perspective de devenir propriétaires au loin, avec de pareilles conditions. Et cependant, ce n'est qu'à leur aide qu'on pourrait utiliser les maisons, les retranchements dont je viens de parler et fonder sérieusement la colonisation par l'agriculture !

On ne conçoit pas bien, que M. le maréchal Bugeaud, voulant une circonférence très étendue, protégée par des retranchements, de nombreux bataillons, et au besoin, la loi du sabre, le tout pour protéger plus efficacement la colonisation, que M. le général Duvivier, qui veut une grande force, une grande discipline pour ses groupes coloniaux, dont il n'indique pas la circonférence, combatte cependant les projets de l'ancien gouverneur-général de l'Algérie ; cependant, ce dernier, en voulant le maintien d'une armée nombreuse en Afrique, ne la réclame que pour le temps où l'on ne pourrait la diminuer sans danger; l'importance même de l'armée, est pour lui un moyen de hâter la colonisation, puisqu'il voudrait l'employer à défricher les terres, afin d'en faciliter d'autant plus la culture aux agriculteurs, qu'il désire voir venir de France, ce qui est loin d'exclure toute colonisation civile, et de ne la faire opérer que par ses soldats, comme trop de gens en sont convaincus et le répètent, sans s'être donné la peine d'étudier ses projets.

Sur la forme du Gouvernement, après avoir indiqué que le meilleur serait pour lui, celui d'un vice-roi héréditaire, ne relevant que du roi, ce qui ne peut avoir lieu, d'après nos institutions, il conseille la division de l'Algérie en quatre grands commandements, ne relevant que du ministre de la guerre.

Il y a là une véritable contradiction; car, avec une vice-royauté, il veut arriver à l'unité de commandement, de vues; ce qui, assurément, est préférable pour l'avenir de la colonie; tandis qu'à défaut de vice-royauté, il veut quatre grands commandements militaires, indépendants les uns des autres, ne ressortant que du ministre de la guerre.

On serait presque tenté de croire que le vaste commandement dont était investi M. le maréchal Bugeaud, à l'époque de la publication de la brochure de M. le général Duvivier, lui a inspiré cette pensée de division de commandement, division qui serait évidemment dangereuse, en ce que quatre chefs différents, ayant chacun des systèmes particuliers de colonisation, d'emploi de leurs forces respectives, se nuiraient réciproquement, au lieu de se venir en aide, et que, dans ce conflit d'idées contradictoires, M. le Ministre de la guerre pourrait se trouver fort embarrassé lorsqu'il aurait à se prononcer sur les mesures qui lui seraient proposées, et pourraient être contraires.

A cet égard, la nouvelle ordonnance qui donne le commandement général de l'Algérie à un fils du roi, et place auprès de lui un directeur-général des affaires civiles avec un conseil supérieur, doit nécessairement être plus favorable à l'Algérie, qu'un morcellement d'autorité, comme le propose M. le général Duvivier.

En terminant son travail, qui contient, du reste, des idées d'une haute philanthropie, M. le général Duvivier propose les trappistes de Staouëlli comme modèle à ses colons, comme donnant l'exemple de ce que peuvent des hommes qui ont fait vœu de pauvreté, de travail et de discipline.

Quoi qu'on puisse dire et faire, des colons, dans quelque classe qu'ils soient pris, ne reculeront pas devant le travail, mais jamais ils ne feront vœu de pauvreté ; ce ne sera que pour y échapper, et dans l'espoir de faire fortune qu'ils se décideront à passer en Afrique, et non pour former des groupes coloniaux, placés sous des chefs inconnus, soumis à une discipline fixe.

Ces vœux, cette discipline, peuvent être la règle d'un ordre religieux ; la discipline peut être supportée par une colonie militaire ; par une colonie civile, *jamais*, quelque bien que le contraire pût produire !!!

QUATRIÈME ET DERNIÈRE PARTIE.

PREMIÈRE SECTION.

Examen de quelques-unes des idées de M. le maréchal Bugeaud, de MM. Enfantin, Moll et autres, sur la colonisation et sur l'Algérie.

Dans la publication faite, en 1842, par M. le maréchal Bugeaud, sur les moyens de conserver et d'utiliser l'Algérie, on remarque que s'il préférait la colonisation militaire, il n'excluait pas la colonisation civile, qu'il voulait, au contraire, faire protéger la seconde par la première ; quant au Gouvernement, il pensait qu'il devait y être essentiellement militaire, et, malgré la tranquillité existant dans la Mitidja, il engageait encore les colons à tenir leurs fusils en bon état, de manière à pouvoir se défendre, au besoin.

Mais, depuis 1842, l'autorité française a bien gagné ; la Mitidja et une grande partie de l'Algérie peuvent être maintenant parcourues, avec autant de sécurité qu'on en trouve en France; aussi, dès en 1845, M. Moll a déclaré (dans un ouvrage dont je parlerai ci-après, et dans lequel il propose la création par l'Etat, de villages de première, deuxième et troisième classes), que le Gouvernement n'aurait pas à s'occuper de ces fondations, dans le voisinage d'Alger et de Blidah, où la colonisation était déjà en pleine voie d'exécution, ce qui prouve la tranquillité dont on y jouissait pour se livrer à la culture, tranquillité qui est telle maintenant, que les colons qui seraient disposés à aller s'y fixer, n'auraient pas à redouter l'obligation d'apprendre l'exercice à la prussienne, et de devenir de véritables miliciens, comme on pouvait le craindre, d'après le conseil que leur donnait, en 1842, M. le maréchal Bugeaud, d'avoir le fusil près de leur charrue, conseil qui, pour être fort sage à l'époque où il était donné, n'en a pas moins soulevé une critique amère.

Suivant M. le maréchal Bugeaud, qui, assurément, doit être un bon juge en pareille matière, les Arabes obtenaient de leur mauvaise culture, faite le plus souvent sans fumier, 25 à 30 hectolitres de blé, et 40 à 50 hectolitres d'orge par hectare de terre. (Page 47 de sa Brochure de 1842.) Cependant, M. Moll et M. Cormier, après lui, indiquent un rendement moyen de 8 à 10 hectolit. Il y a nécessairement erreur chez ces deux derniers, ou ils n'auront fait leurs remarques que sur les plus mauvais terrains de l'Afrique.

En effet, tous les écrivains qui se sont occupés de ce pays, vantent la fertilité de son sol ; MM. Enfantin, Lamoricière, Landeman, de Prébois et autres, sont tous d'accord avec les auteurs que j'ai déjà nommés, sur cette fertilité due au climat, et sur l'ignorance agricole des Arabes; or, cette unanimité sur un pareil point, ne permet pas de douter que MM. Moll et Cormier (qui, eux aussi, proclament la fécondité du sol), ne se soient trompés en parlant d'un rendement de 8 à 10 hectolitres ; car, dans le pays de Caux, dans le Vexin, dans les plaines du Neubourg, on peut, dans certains fonds de terre de bonne qualité, obtenir en blé, un rendement de 25 à 30 hectolitres et plus, par hectare, et dans les bonnes terres de l'Afrique, et celles déjà cultivées avec soin par des colons français, on obtient des quantités qui confirment la justesse des indications de M. le maréchal (qu'on sait être aussi bon agronome, qu'il s'est montré brave militaire et habile général), et prouvent, comme on l'a souvent répété, en faveur de l'Afrique et des ressources qu'elle peut offrir à la France, non-seulement en céréales, mais en tous genres d'autres produits, plus avantageux encore pour ceux qui sauront les obtenir.

DEUXIÈME SECTION.

M. Moll, dans le travail qu'il a publié sur la question de colonisation, pense qu'elle ne peut se faire spontanément, que l'Etat doit y contribuer en la dirigeant, et même en la subventionnant. (1er vol. page 298.)

Il demande qu'il soit établi trois catégories de villages :

Que dans la première, l'Etat fasse les constructions, fournisse les terres et la presque totalité des moyens d'exploitation.

Que dans la seconde, il fasse les travaux d'utilité générale, qu'il aide les colons par des fournitures de matériaux de construction, de bestiaux et de semences.

Que dans la troisième, il se borne aux travaux généraux d'utilité publique, et au lotissement, toujours bien entendu, en fournissant les terres.

Il place les villages de première classe sur les points

où l'intérêt politique exige de fixer plus promptement une population européenne, que l'appât du gain ne saurait appeler de longtemps.

Quant aux environs d'Alger, Bone, *Blidah*, Coléah, ces localités offrent assez d'attrait à l'intérêt privé, pour que le Gouvernement doive se borner à établir des villages de deuxième et troisième classes.

L'installation de chaque famille de colons coûterait, d'après lui, dans les villages de première classe, de 4,000 à 4,500 fr.; dans ceux de la deuxième, de 1,800 à 2,000 fr., et dans ceux de la troisième, de 1,000 à 1,100 fr.

Tous ces villages ont leur enceinte, leur église, leur caserne de gendarmerie, etc.; mais leur essai, d'après lui, doit être tenté d'abord sur les côtes, notamment à Bone, Oran et Philippeville.

Quant à Alger, il ne s'en occupe pas, parce que l'émigration s'y porte, il dit que les environs de Blidah sont en pleine voie de colonisation; de sorte que, dès en 1845, il lui paraissait douteux que pour la développer davantage, on dût élever des villages de première classe.

Après avoir parlé de la colonisation par l'armée, les soldats libérés, les indigents, *les forçats (dont il veut l'emploi* dans les travaux de construction et d'assainissement), par les compagnies financières, l'association des travailleurs, d'après les idées du communisme, et signalé les inconvénients qu'il rencontre dans l'emploi exclusif de chacun de ses moyens; il parle (à la page 359), de colonie de cultivateurs ayant même origine, même langue, même culte, et retrouvant la patrie dans une cité nouvelle, il regarde ce mode comme le meilleur (1).

Dans l'ensemble de ce système, l'Etat s'impose toujours des sacrifices considérables, énormes même, en faveur de la colonie privée, et un résultat sensible serait bien long à obtenir, si des capitalistes de bonne volonté ne lui viennent en aide, soit comme spéculateurs, soit mus par un instinct de bienfaisance publique.

TROISIÈME SECTION.

En 1843, M. Enfantin a aussi publié un plan de colonisation, il réclamait des colonies militaires à l'intérieur des terres, et des colonies civiles dans la zone maritime; dans la province d'Oran, plus de colonies militaires que de colonies civiles ; dans la province d'Alger, autant des unes que des autres ; mais en plaçant les colonies militaires, rayonnant vers Blidah, de cette ville sur Médeah et Miliana, ce qui prouve que, dès cette époque, la Mitidja ne lui paraissait pas réclamer, pour sa sécurité, de colonies militaires, les garnisons de Blidah,

(1) Il y avait plus de deux mois que mon projet de colonie normande était arrêté, quand une personne de ma connaissance, à son retour d'un voyage à Alger, me fit parvenir l'ouvrage de M. Moll, et ce n'est pas sans un véritable plaisir, que j'ai vu que mon projet devrait obtenir son approbation et remplir ses vues, puisque nous nous étions rencontrés dans une pensée commune, pour grouper ensemble des cultivateurs d'un même pays.

Bouffarik, de Coléah, lui semblant sans doute suffisantes pour exclure toutes craintes.

Dans ce système, tout était fait par l'Etat, qui créait des bataillons coloniaux, enrégimentait et disciplinait des travailleurs, fournissait leurs rations, leur solde, etc.; de sorte que ceux qui auraient voulu entreprendre de la colonisation partielle, devaient appartenir d'abord au corps des travaux publics, etc., etc., puisque chaque village créé appartenait, quant à la jouissance, aux colons qui y étaient établis, tout était géré et administré en commun, avait son administration *unitaire*, sans intérêts individuels, etc., c'était un moyen de prendre l'Algérie comme essai de l'organisation du travail.

Son plan est appuyé de considérations d'un ordre très élevé, et bien que ses idées, quant au travail collectif, à l'association des travailleurs (et des capitalistes, pour le cas de colonies civiles, fondées par des individus et sous la direction et la surveillance de l'Etat), doivent choquer nécessairement les idées reçues parmi nous, on ne peut méconnaître, qu'elles sont déduites avec une rare habileté et une conviction bien profonde chez leur auteur, de leur efficacité pour l'avenir de l'Algérie, si leur adoption avait eu lieu.

Bien des gens, qui rêvent une égalité absolue, qui n'y voient qu'un moyen de faire disparaître le propriétaire, le maître, en général, afin qu'il n'y ait plus qu'un peuple de travailleurs parfaitement égaux entre eux, ne verraient pas sans surprise, en parcourant cet ouvrage, qu'à défaut des seigneurs féodaux, qui jadis, pouvaient, sur leur terre, *organiser et diriger le travail*, punir ou récompenser, il faudrait créer des chefs, des sous-chefs à tous ces groupes coloniaux, ou plutôt à toutes ces tribus nouvelles; qu'après les directeurs d'arrondissement coloniaux, il faudrait des directeurs particuliers, pour les réunions de familles comprises dans la circonférence de ces mêmes arrondissements, que les nouveaux chefs, sous-chefs devraient avoir presque l'autorité des *scheiks* des Arabes, et plus que celles de nos maires actuels.

La liberté, qui serait en apparence la consécration de ces idées et de cette organisation du travail collectif, si on les suivait, conduirait à un résultat tout opposé, à l'asservissement du plus grand nombre, à la volonté arbitraire d'un chef ou de ses représentants, et cette liberté de chacun, consisterait à rester soumis au libre-arbitre d'un seul ou de ses délégués, le tout en vue de procurer à chaque groupe colonial la plus grande somme de bien-être possible; mais la privation réelle de son action, sous le prétexte de l'égoïsme des individualités.

Ce mode de colonisation, tel qu'il est, et en tant qu'on voudrait l'essayer pour des colonies civiles, ne me paraît pas maintenant plus exécutable que celui de M. le général Duvivier, proposant pour exemple les trappistes de Staouëlli.

QUATRIÈME SECTION.

Dans une brochure publiée, en 1847, sur les camps agricoles, ou colonisation civile par l'armée, chaque camp serait composé de 500 hommes, pendant deux ans, époque à laquelle, devenant village civil, il serait réduit à 300 familles.

L'installation de chacun de ces villages, par l'Etat, coûterait 1,000,000, en y comprenant 1,034 fr., pour le mobilier, les bestiaux, outils et semences à fournir à chaque famille; puis, dans chacun d'eux, on créerait un comptoir agricole, et on arrive à cette conclusion : que malgré les faibles ressources mises à la disposition de chaque colon, il finira cependant par pouvoir vivre et élever sa famille, parce qu'il travaillera mieux et plus que les Arabes, d'autant mieux que plus tard il se livrera à la culture des plantes exotiques; de telle sorte que, dans un temps donné, le monopole des cotons pourrait, pour ce qui nous concerne, être transféré de l'Amérique à l'Algérie.

Parlant des premières colonies militaires fondées en Afrique, des dangers que présente, suivant quelques individus, l'habitation dans ce pays, où on serait assuré d'arriver à une vieillesse anticipée, de ne pouvoir élever des enfants, l'auteur de cette brochure cite l'exemple du village militaire de *Beni-Mered* (qui se trouve dans la Mitidja, entre Bouffarick et Blidah), et indique que les 67 soldats-colons qui y furent installés, en 1843, existaient encore en 1847, que bon nombre d'entre eux s'étaient mariés, étaient propriétaires et n'éprouvaient pas la moindre envie de rentrer en France pour y redevenir simples journaliers.

CINQUIÈME SECTION.

Je ne crois pas utile de pousser plus loin l'analyse des divers projets de colonisation, publiés sur l'Algérie, car ils ont tous en vue de grands groupes coloniaux militaires ou civils, à établir par l'Etat, et à ses frais, surtout dans les provinces d'Oran et de Bone, et *non près de Blidah*, où la colonisation devra se faire seule, à raison de son sol, de sa situation, et parce que, d'ailleurs, tous ces projets ont, entre eux, une assez grande corrélation, mais ne s'occupent pas de grandes exploitations partielles, tentées par des individualités.

Avant d'arriver à présenter mon projet personnel, je tenais à faire connaître, à ceux qui les ignorent, quelques-unes des idées publiées sur la colonisation en général, et principalement la fertilité des terres de la Mitidja, la sécurité dont on jouit dans le voisinage de Blidah, la salubrité de Beni-Mered, afin d'établir, ainsi, que le Gouvernement, réclamant le concours des particuliers pour activer la colonisation, offrant même des avantages à ceux qui voudront répondre à son appel, on peut, avec sécurité, seconder ses efforts et compter sur le succès, en prenant les précautions convenables et propres à l'assurer; sans demander des villages fortifiés, des garnisons, etc., etc., et en plaçant, pour commencer cette marque de concours, à la proximité de Blidah, une grande exploitation de céréales.

A ceux qui seraient étonnés que je propose de faire

des blés en Afrique, quand son territoire est propice à tant d'autres cultures, qui assureraient de bien plus grands bénéfices ; tandis qu'à raison des chaleurs qui commencent vers la fin de mai, on est exposé à avoir des *blés* dits *échaudés*, j'observerai, que si cet inconvénient peut se présenter, pour les blés tendres surtout, il n'en est pas de même pour les blés durs, à moins d'années tout-à-fait exceptionnelles, et que M. Moll lui-même engage à faire ces deux espéces de blés, bien qu'il n'en conseille pas aux colons la culture en grande exploitation.

Mon but étant la fondation d'une colonie normande, il faut bien ne lui proposer qu'une culture, qu'elle connaisse déjà, et qui soit dans ses habitudes.

En général, si les nouveaux colons ont fait peu de blés en Afrique, c'est que la main-d'œuvre y est à un prix trop élevé, pour qu'ils pussent s'en occuper; c'est que très peu d'entre eux étaient de véritables cultivateurs, qu'ils n'avaient, pour la plupart, ni les bestiaux nécessaires pour bien cultiver, et le faire à temps, car la saison des semailles y est courte ; c'est que faute de ressources suffisantes, ils ne pouvaient donner à leurs terres les labours convenables et les fournir de fumiers ; c'est que si quelques-uns d'entre eux avaient les ressources pécuniaires, ils n'avaient pas un personnel assez nombreux de travailleurs capables.

Et si les rares essais qui ont été tentés n'ont pas réussi, c'est bien plus aux causes que je viens de signaler, qu'au climat qu'il faut s'en prendre.

En général, l'Afrique jusqu'à ce jour, a plus compté de

marchands de fourrages que de véritables cultivateurs ; aussi, est-ce pour remédier à un pareil état de choses, que de présent, il est question de n'accorder de fournitures de foins pour notre cavalerie, qu'à ceux qui pourront en même temps fournir des pailles ; on veut ainsi, et avec raison, que l'Algérie ne reste pas toujours, et pour une partie très considérable, à l'état de prairies naturelles, on veut qu'elle soit cultivée, qu'elle puisse d'abord nourrir ses habitants, et au besoin, exporter, quand elle produira au-delà de ses besoins.

Mais, pour obtenir un pareil résultat, il faut des colons aisés, ayant toutes les ressources nécessaires pour le préparer, et les connaissances utiles pour assurer le succès.

Au lieu de moyens insignifiants et qui leur permettent à peine de défricher, tant bien que mal, leurs terres, il faut tenir à leur disposition un capital suffisant, pour qu'ils puissent tout bien faire, et le faire à temps, sans avoir à rien redouter sur leurs moyens d'existence, dans les trois à quatre mois qui suivront leur installation. Il faut qu'ils soient dans une position telle qu'ils n'aient rien à craindre, même d'une année tout-à-fait contraire à leurs travaux. Puis, après quelques années passées en Afrique, ils sauront les cultures qu'il leur serait plus avantageux de faire, ils acquerront, à cet égard, les connaissances qu'ils n'ont pas maintenant, ils diminueront, si bon leur semble, la culture du blé, pour obtenir d'autres produits ; mais ce qui importe au début, c'est qu'ils puissent s'occuper de céréales, avec la certitude de les obtenir aussi bien et mieux que dans le département de la Seine-Inférieure. Ce sera assez pour eux que de commencer déjà et en grand, la culture du tabac, et de s'occuper de plantations, qui, plus tard et avant douze ans, seraient pour eux une cause de richesse véritable.

Tels sont les motifs qui m'ont porté à ne parler que de céréales dans le projet d'exploitation agricole, auquel j'arriverai dans quelques instants.

Maintenant, on n'en est plus à se demander si l'Algérie sera conservée et deviendra partie intégrante de notre territoire, ou si plutôt on devra se rendre aux idées de M. Desjobert, qui s'est toujours montré hostile à cette colonie , bien que quelques députés pensent encore tout bas ce que M. Desjobert a proclamé bien haut, que l'Algérie était une lèpre qui nous rongeait, qu'il fallait en circonscrire beaucoup l'occupation ; il faut bien le reconnaître, cette opinion isolée, mais franche (d'un des députés de la Seine-Inférieure), et par cela même, loyale et honorable, ne peut prévaloir sur les sentiments presque unanimes de tous les membres de nos deux chambres, la pensée de tous les pouvoirs publics, et les instincts directs du pays.

Puisque l'Etat entre franchement dans la voie de la colonisation, que les chambres viennent de voter un premier subside pour commencer de nouveaux villages, de la création desquels on s'occupe, que par la nomination d'un des fils du roi au commandement général de l'Algérie, on voit ainsi une volonté ferme, positive, d'utiliser la conquête de 1830, comme annexe française, d'y presser et développer l'agriculture, on peut et on doit en profiter pour répondre aux intentions du Gouvernement.

Si, pour l'opérer, le concours des capitalistes est nécessaire, celui des hommes de bien, qui, sans faire de la spéculation, n'auront en vue que d'aider leurs semblables, moins favorisés qu'eux par la fortune, n'est pas moins utile, et serait plus honorable.

DEUXIÈME DIVISION.

Projet d'une grande exploitation normande près de Blidah, sur la terre de Marman, appartenant à la compagnie Rouennaise-Algérienne.

PREMIÈRE PARTIE.

PREMIÈRE SECTION.

Renseignements sur cette propriété.

La terre de Marman contient, d'après le plan qui en a été dressé judiciairement, 736 hectares; elle est divisée en deux parties par la Chiffa, et possède déjà d'anciens fossés d'irrigation; elle est à six à sept kilom. de Blidah, contiguë, pour ainsi dire, au village de Joinville, à douze à quatorze kilom. de Bouffarick; elle est traversée par la route de Seft à cette dernière ville, et se trouve dans une excellente situation pour former une grande ferme et un centre de population française et agricole, qui ne pourrait manquer de trouver des avantages certains à s'y établir, dans les conditions que je vais expliquer, et qui, sans obliger les fondateurs d'une pareille entreprise, à risquer individuellement un grand capital, n'en constituerait pas moins un acte utile, honorable pour eux, et en même temps avantageux pour l'Afrique, et un moyen assuré d'aisance et de fortune, aux colons normands qui se chargeraient d'aller faire fructifier ce domaine, au moyen des stipulations que j'entends faire pour leur assurer la propriété personnelle d'une certaine portion de terre, d'une habitation, et d'une part dans les bénéfices de cette exploitation, pendant les *dix années* qu'ils devraient y être employés.

DEUXIÈME SECTION.

Contenance attribuée à l'exploitation, fixation d'une part pour le directeur et les colons.

A même les 736 hectares dont se compose la terre de Marman :

1° 500 hectares seraient mesurés et convertis en une grande ferme, cultivés en commun pendant dix ans, sous les ordres d'un directeur, d'après les données que j'indiquerai ci-après, ci. . . . . . 500 hect.

2° 2 hectares seraient affectés à la formation d'une grande masure, close de murs, édifiée de tous les bâtiments d'habitation et d'exploitation nécessaires à l'entreprise, et aux logements destinés aux 12 familles de

A Reporter. . . 500 hect.

Report. . .	500 hect.
colons, dont on ferait choix, ci.	2
3° 8 hectares seraient pris et destinés au directeur de cette exploitation, et pour devenir, après l'expiration de sa gestion, sa propriété, ci	8
4° 51 hectares seraient destinés à devenir la propriété personnelle des 12 familles de colons, nécessaires dans mon plan pour faire valoir cette propriété, ci.	51

A même ces 51 hectares de terre, on composerait 12 lots de 4 hectares, et d'une seule pièce, pour chaque famille, ce qui donnerait 48 hectares ; et d'un autre côté, les habitations qui leur seraient destinées et qui seraient appuyées sur le mur de la masure de la ferme principale, seraient disposées de manière à ce que, dans l'avenir, le colon pût avoir, attenant à son habitation, une masure de 25 ares, ce qui, pour créer ces 12 petites masures, emploierait 3 hectares de terre.

4° 14 hectares seraient encore destinés à devenir la propriété, à raison de 1 hectare, de chacun des 14 charretiers, bergers, servantes et employés, que, dès l'origine, on devrait attacher à cette ferme, et en même temps que les 12 familles de colons, et qui

A Reporter. . . .	561 hect.

A Reporter. . .	561 hect.
resteraient pendant les dix ans que devrait durer l'exploitation, ci.	14
6° 1 hectare de terre serait encore réservé pour devenir ultérieurement une place communale, servir à la construction d'une église et d'un presbytère, lorsque le Gouvernement trouverait juste et opportun de faire, à cet égard, les dépenses nécessaires, ci. .	1
A ce moyen, on emploierait, à même la terre de Marman, 576 hectares, suivant la destination qui précède, ci.	576 hect.
Il resterait encore 160 hectares de terre libres pour les propriétaires de Marman, et destinés à former plus tard d'autres fermes dans le voisinage (moins, toutefois, la portion du terrain qu'il faudrait employer pour la formation de chemins), ci.	160
Contenance égale à celle de Marman, ci.	736 hect.

Une fois l'emplacement de la masure de 2 hectares déterminé, elle serait entourée de murs assez solides pour supporter : 1° les écuries, bergeries, étables à vaches, à porcs, hangars destinés aux voitures, aux chevaux, etc., etc., et 2° les douze habitations destinées aux colons.

Au centre de cette masure, on élèverait un grand bâtiment carré, destiné à l'habitation du directeur et de tous les domestiques et servantes qui, sans avoir le titre de colons, seraient cependant attachés à l'entreprise.

Cette maison devrait, autant que possible, contenir : 1° de vastes caves pour servir de laiteries, magasins ou *citernes à blé* (appelés silos par les Arabes), orge, seigle, avoine, etc.; 2° une grande cuisine et une laverie; 3° une grande pièce servant de salle à manger, ou réfectoire commun, à tous les membres et employés de la colonie, et 4° le nombre de pièces nécessaires pour loger, et le directeur et sa famille, et les divers employés, qui ne seraient pas appelés à coucher aux écuries, et près des animaux confiés à leurs soins, comme cela se pratique d'ordinaire dans les fermes de notre département.

TROISIÈME SECTION.

Outre les 4 hectares de terre qui seraient destinés à devenir la propriété de chaque famille de colon, après un travail collectif de dix ans, pour avoir le droit de se montrer difficile sur les choix à faire, afin de n'avoir que des familles probes, laborieuses et sobres, pouvant seconder utilement la culture et la faire prospérer ; il conviendrait de leur assurer, à chacune, une habitation composée d'une cuisine, une chambre à feu et deux petites chambres ou cabinets, pour loger eux et leur famille ; plus, une masure de 25 ares, y attenant.

On devrait, à cet effet, élever six bâtiments séparés, contenant chacun deux ménages, et la division des pièces que je viens d'indiquer; mais, n'ayant entre eux aucune communication possible, afin que chaque colon eût ainsi son habitation bien distincte, et chacun son enclos ou masure de 25 ares, enclos qui, ultérieurement, et après les dix années de travail commun, serait établi de l'autre côté du mur de la grande ferme, et y serait attenant (1).

Comme le mur de clôture de la ferme servirait d'appui à ces six habitations, dont elles formeraient déjà une notable partie, on peut admettre que **24,000** fr. suffiraient grandement à composer ainsi des logements convenables, d'autant mieux que beaucoup de personnes, qui ont écrit sur les logements des colons, n'estiment de pareilles dépenses qu'à la somme de 1,500 fr. par famille, tandis que, dans mon plan, j'évalue la dépense à 2,000 fr., et que, de plus, on trouve tout un côté de ces maisons bâti, puisqu'il se trouve pris sur le grand mur de la ferme principale.

QUATRIÈME SECTION.

Choix des colons.

Les 12 familles de colons nécessaires à l'exécution de ce plan, devraient être choisies à la campagne, parmi les gens sains et robustes, de l'âge de vingt-cinq à **50** ans, connaissant la culture, les divers travaux agricoles et les

(1) En élevant le mur, on disposerait des baies de porte pour chaque habitation, de manière qu'après dix années d'exploitation en commun, aucun de ces colons n'eût de communication dans la masure de cette grande ferme, et eût son accès direct, par la petite masure qui lui serait attribuée.

soins à donner aux bestiaux en général, car, malgré les 14 employés dont j'ai parlé, comme devant être attachés à cette exploitation, il est indispensable de trouver, dans ces colons, des individus qui sachent labourer, semer, faucher, et donner aux terres les diverses préparations qui leur sont nécessaires pour produire. Il en faudrait au moins cinq, ayant ces connaissances d'une manière absolue et positive, et un sixième, connaissant la culture des vignes.

Quant aux 6 autres familles de colons, qui devraient aussi connaître les travaux des champs, il serait indispensable d'en avoir une dont dont le chef fût maçon, un autre charpentier, un autre menuisier, un autre charron, un autre bourrelier, et le dernier, connaissant le ferrage des chevaux et des voitures.

A chaque instant, la colonie s'estimerait heureuse d'avoir dans son sein des membres dont la spécialité lui serait utile pour les besoins, qui ne manqueraient pas de se produire, et réclameraient une satisfaction immédiate, qu'on ne pourrait obtenir qu'en envoyant à Blidah.

Pour les personnes qui connaissent la campagne et ses habitants, elles savent qu'on y rencontre un très grand nombre d'individus, qui, bien qu'ils aient une profession spéciale, comme celle de maçon, charpentier etc., n'en connaissent pas moins les travaux de l'agriculture, dont ils s'occupent plusieurs mois de l'année, surtout depuis le mois d'août jusqu'à la fin de septembre, époque à laquelle ils reviennent à leur profession plus habituelle.

Sans aucun doute, ces maçons, charpentiers, charrons, etc., ne sont pas d'ordinaire des cultivateurs habiles, auxquels on pourrait donner la mission de diriger une grande ferme; mais par cela seul, qu'ils ne sont pas étrangers à la culture, ils seraient, à raison même de leur spécialité, très utiles dans mon plan de colonie agricole, dont, par intérêt pour eux, ils devraient faire un apprentissage complet pendant leur association de dix ans, tout en se livrant aux autres travaux de leur profession, lorsqu'on aurait besoin d'y recourir.

Outre les colons dont je viens de parler, il serait utile d'attacher à l'exploitation, une famille du Midi, connaissant la culture de la vigne et de l'olivier, mais principalement de la vigne, et le moyen d'en employer le fruit; car, avec la culture des céréales, des foins, le croît des bestiaux, la colonie aurait besoin de cultiver la vigne, sinon comme spéculation, au moins pour s'assurer dans l'avenir, le vin nécessaire à ses besoins et le produire elle-même.

En s'adressant dans le Midi, on devrait aisément trouver une famille qui, sans être étrangère à la culture des céréales, connaîtrait spécialement celle des vignobles, de l'olivier et de l'oranger, et qui, en vue des avantages offerts, viendrait s'adjoindre aux 11 colons normands (car il s'agit pour moi de fonder une colonie normande), et porter ainsi leur nombre à 12, et ajouter, par ses connaissances spéciales, à tous les moyens de prospérité que je voudrais grouper ensemble, comme étant indispensables les uns aux autres, et se donnant un mutuel appui.

Avec de pareils avantages, et ceux dont je parlerai bientôt, on devrait réunir facilement 12 familles, dont le travail, mis en commun, devrait assurer à chacun d'eux l'aisance, au lieu de la gêne dans laquelle ils sont maintenant, une véritable fécondation du sol algérien, un exemple utile à imiter.

DEUXIÈME PARTIE.

PREMIÈRE SECTION.

Création des bâtiments de cette exploitation, du mobilier et des approvisionnements nécessaires pour cette colonie.

Je regarde comme certain, qu'un capital de 200,000 fr. serait suffisant, et pourvoierait largement à toutes les éventualités, car, j'admets qu'en présence de constructions élevées pour une pareille destination, l'Etat se chargerait lui-même du transport des colons, leur assurerait l'indemnité habituelle de route, et le passage gratuit sur les paquebots de Marseille ou Toulon, ce qu'il fait d'habitude et depuis plusieurs années en faveur de l'Afrique, pour des colons qui ont peu de chances de succès, trop peu de ressources pour l'obtenir, l'Etat ne le refuserait pas à des colons choisis, d'une moralité sûre, peu aisés personnellement, mais probes, et quittant leur pays pour aller dans les conditions devant expliquées, contribuer pour leur part à la culture des plaines de la Mitidja.

Je suppose, qu'avec 80,000 fr. on élèverait sans peine, et d'une manière convenable et solide, tous les bâtiments nécessaires à cette colonie, maisons d'habitation, écuries, étables, bergeries, hangars, murs de clôture, etc. J'expliquerai, plus tard, les causes de cette opinion; mais tout d'abord je dois faire observer ici, qu'à raison du climat spécial à l'Afrique, les constructions à faire ne devraient pas ressembler à ce qui se passe dans la Normandie. Là, il faut abriter les chevaux, les vaches, les moutons etc., contre les froids rigoureux de l'hiver, les neiges, etc.; il faut des murs solides, des planchers. En Afrique, au contraire, où au lieu de froids excessifs, les chaleurs sont seules à craindre, il suffit de créer des abris couverts (contenant des râteliers ou mangeoires), pour les chevaux, les vaches, les moutons, etc., contre les grandes chaleurs de l'été et les pluies du mois de novembre ; bien des Arabes trouveront même que ces abris constitueront un véritable luxe, car ils ne prennent pas tant de soins pour leurs bestiaux en général. Les Arabes ont bien des tentes pour eux, mais ils ne les partagent pas toujours avec leurs animaux. Quoi qu'il en soit, il serait plus prudent de disposer, dans la masure de la ferme, les locaux nécessaires pour recevoir et abriter, quand besoin sera, tous les animaux utiles à la culture et à l'exploitation.

D'un autre côté, bien des personnes qui se sont occupées de colonisation en Afrique, trouveront que j'emploie un capital trop considérable en bâtiments, que c'est une faute qu'ont commise la plupart des colons venus en Algérie, et qui, après avoir trop sacrifié pour s'assurer un logement commode, n'avaient plus les capitaux suffisants pour se procurer des instruments de travail, des bestiaux,

des semences, et conserver des moyens d'existence, en attendant leur première récolte.

Ce reproche a pu être fait avec justice, de la part de quelques hommes compétents, comme par M. le général Lamoricière, par exemple, qui ont vu sous leurs yeux les inconvénients de trop dépenser en constructions; mais il ne faut pas perdre de vue que les journaliers cultivateurs, en Normandie, quoique peu aisés, ont l'habitude d'avoir leur maison, leur masure, qu'aucun d'eux ne se déciderait à coucher sous une tente ; or, pour les attirer dans un pays bien éloigné du leur, il convient de leur assurer des logements plus commodes que ceux qu'ils habitent d'ordinaire, afin que, gagnant au change, ils ne forment pas de regrets, et que, trouvant dans une nourriture sobre, mais saine, dans le contact habituel des gens de leur pays, parlant leur langue, connaissant mutuellement leurs communes, leurs familles, ils n'aient qu'à se louer de s'être expatriés, et d'être venus chercher l'aisance en Afrique, où ils pourront, en s'y trouvant bien, appeler eux-mêmes de nouveaux colons, qu'ils voudront faire profiter des avantages, dont déjà ils seront en possession.

Partant donc, je m'arrête au chiffre de 80,000 fr. pour constructions, ci. . . . . 80,000 f.

DEUXIÈME SECTION.

Formation du mobilier aratoire et de tout ce qui paraît nécessaire pour assurer la nourriture de la colonie et de tous les animaux dont elle devra être pourvue, à l'instant même de son installation.

Je tâcherai de ne rien omettre, et d'ailleurs; il y aura une réserve pour faire face à l'imprévu.

Mais, avant d'entrer dans le détail nécessaire aux indications que ce travail comporte, je dois expliquer quelle quantité de terre devra être livrée à la culture, pour établir ainsi la nécessité de telle ou telle quantité de chevaux, de charrues, de voitures, etc., etc.

Comme je l'ai expliqué, la ferme principale contiendra 500 hectares, ci. . . . . 500 hect.

Mais sur les 75 hectares destinés aux colons et employés, on devra aussi faire de la culture, pendant les dix ans de l'exploitation commune, ci. 75

Le travail de la colonie portera ainsi sur une étendue de 575 hectares, ci. . . . 575 hect.

J'admets que la première année d'installation, la culture se divisera comme il suit (1) :

1° 150 hectares de blé, ci. . . . . . 150 hect.
2° 80 — d'orge, ci. 80
3° 20 — de tabac, ci. 20
4° 70 — de colza, d'avoine, haricots, pommes de terre, betteraves, jardinage, etc., ci. 70
5° 5 hectares en vignes, ci. 5

A Reporter. . . 325 hect.

(1) Depuis plusieurs années, la terre de Marman est cultivée pour les deux tiers, au moins. En 1847, elle était chargée de très beaux blés, orges, etc.; ce qui explique pourquoi je parle d'y faire une aussi grande culture, culture qui serait impossible sur d'aussi vastes proportions, s'il fallait, en arrivant, s'occuper de défricher les terres.

Report. . . 325 hect.

6° 250 hectares en foins, pâturages etc., ci. 250

Total égal. . . . . 575 hect.

Ceci entendu, j'arrive de suite au mobilier, qui me paraît indispensable, et à son prix de revient probable.

1° 6 voitures à quatre roues, dont deux grands chariots et deux grands banneaux; en portant 1,400 fr. pour les deux chariots; 2,400 fr. pour les quatre autres voitures, et 1,000 fr. pour les deux grands banneaux, on aura, à cet égard, un matériel d'autant plus convenable que les récoltes en céréales et en foin ne se font pas en Afrique comme en Normandie (je m'en expliquerai plus tard); ainsi, je porte pour cet article 4,800 fr., ci . . . . 4,800 f.

2° Pour 12 charrues à raison de 125 fr. chacune, ci 1,500

Ce nombre de charrues n'est pas trop considérable pour cultiver cette quantité de terres, d'autant mieux que les labours, en Afrique, ne supportent pas de retard, qu'il faut s'en occuper aussitôt que la saison des pluies est passée, pour semer en décembre et janvier; on agira prudemment en commençant ces travaux à partir de la mi-octobre, avant même l'arrivée des pluies qui surviennent en novembre, afin d'avan-

A Reporter. . . 6,300 f.

Report. . . 6,300 f.

cer d'autant l'ensemencement général de la ferme.

3° 50 chevaux et juments, achetés en Afrique ou en Catalogne et dans le Midi de la France, au prix moyen de 300 fr.; à ce prix, on n'aura, certes, pas des chevaux de luxe, mais on aura des chevaux propres au travail, des juments qui, plus tard, pourront fournir de bons poulains ; ainsi, 50 chevaux à 300 fr. coûteront 15,000 f., ci. 15,000

4° 50 bœufs et vaches, au prix moyen de 150 fr. (on en trouve à 100 fr. en Afrique), coûteront 7,500 fr., ci 7,500

5° 20 béliers et 480 brebis de l'âge de seize à dix-huit mois, ne coûteront pas, en Afrique (1), plus de 5,000 fr., ci. . . . 5,000

6° 50 porcs et truies, 10 ânes et ânesses, et 10 mules et mulets, on se les procurera aisément pour 1,200 fr., ci. . . 1,200

7° 300 hectolitres de blés de semences suffiront pour 150 hectares de terre (à raison de 2 hectolitres, pesant ensemble 160 kilogrammes).

Pour ne pas faire de fausse écononomie,

A Reporter. . . 35,000 f.

(1) Avant 1830, un mouton coûtait 1 fr. 50 cent. à 2 fr., en Afrique.

Report. . . 35,000 f.

il conviendra de se procurer un bon choix de semences, on pourrait en prendre une partie dans les blés, dits bladettes, près de Toulouse; une autre partie dans ceux de Cuzel et dans d'autres localités du Midi, où le climat a une grande analogie avec celui d'Afrique, où les blés sont mieux récoltés, et les semences plus propres que celles que pourraient fournir les Arabes.

Il convient de calculer ces semences à 25 fr. l'hectolitre, à raison des frais de transport, ce qui nécessitera une dépense de 7,500 fr., ci. 7,500

8° 200 hectolitres d'orge au prix de 12 fr., seront plus que suffisants pour ensemencer 80 hectares de terre, et coûteront 2,400 fr., ci. 2,400

9° 5 machines à battre le blé, à raison de 500 fr. par machine, ci. 2,500

Ces instruments ne sont pas ou sont peu connus, du moins en Afrique, parce qu'on est dans l'usage d'y battre le blé sur le champ même où il est récolté, et d'agir comme on fait en Normandie pour le colza; mais il arrive de là que les blés d'Afrique sont poudreux, pleins d'ordures et d'une vente plus difficile; on aurait donc intérêt à

A Reporter. . . 47,400 f.

Report. . .	47,400 f.
y introduire l'usage des machines employées dans nos grandes fermes, afin d'obtenir des produits exempts du blâme que je viens d'indiquer, surtout pour tous les blés desti- à être vendus.	
10° Graines de colza, de chanvre, lin, pommes de terre, carottes, tabac, luzerne, environ 3,000 fr., ci.	3,000
11° Harnais de chevaux : 12 pour les chevaux dits de limon, à raison de 80 fr.; 38 pour les chevaux de trait, à raison de 45 fr.; 30 harnais de labour, au prix de 30 fr., en moyenne, en tout 3,570 fr., ci. .	3,570
12° 50 herses de diverses espèces, à dents de bois et de fer, dix rouleaux pour écraser les terres et les mieux disposer à recevoir les semences, en tout 500 fr., ci.	500
13° 5 grands cylindres ou moulins à époudrer le blé (et connus dans certains pays sous le nom de *tarars* et *thalars*), afin de ne livrer que du blé très propre dans le commerce, en obtenir ainsi un placement plus facile, 300 fr., ci.	300
14° Un lot de pioches, de fourches, de louchets, de haches, serpes, scies, limes, tenailles, marteaux, clous, crochets, boulons de fer, tamis pour les graines, fouets	
A Reporter. . .	54,770 f.

Report. . . 54,770 f.

et pelles pour les écuries, ensemble 1,000 fr., ci. 1,000

15° Un lot de planches en prévision de besoins possibles, 500 fr., ci. 500

16° Comme on aurait à payer des frais de transport et de fret pour une partie de ces approvisionnements et de ceux dont je vais parler encore, pour le mobilier meublant la maison principale, j'évalue ces frais à 2,000 fr., ci. 2,000

17° 100 barriques de gros vin du Midi, à 70 fr. la barrique, pourraient annuellement suffire à la colonie, en attendant qu'elle en récolte pour ses besoins.

Ces vins supportent facilement trois quarts d'eau, 100 barriques équivaudraient à 400 barriques, ou 100,000 litres de boisson saine, convenable, et grandement suffisante pour les besoins des colons.

J'évalue donc la dépense de cet approvisionnement à 7,000 fr, ci. 7,000

18° Une enclume, deux soufflets de forge, des marteaux, un lot d'outils de maçons, charpentiers, charrons, etc., environ 1,000 fr., ci. 1,000

19° J'estime qu'en ajoutant une somme

A Reporter. . . 66,270 f.

Report. . . .	66,270 f.
de 13,730 fr. aux sommes ci-dessus (afin de porter la dépense totale du matériel à une somme ronde de 80,000 fr.), on aurait somme bien suffisante pour se procurer la grosse literie nécessaire aux domestiques employés à la ferme (*car, pour les colons, chacun d'eux ayant sa maison, aurait aussi sa literie personnelle, qu'il emporterait avec lui en quittant son pays*), de gros draps à leur usage, quelques serviettes, plusieurs tables, dont une très grande et solide pour le réfectoire, une batterie de cuisine, des assiettes, de la grosse vaisselle, deux ou trois grandes machines destinées à filtrer l'eau utile pour l'alimentation, des grandes terrines ou vases pour le lait, des chaudières, marmittes, chandeliers, une ou deux grandes chaudières pour faire cuire l'orge ou les pommes de terre, pour les bestiaux à engraisser, quelques futailles, des lanternes pour aller et venir et éclairer dans les écuries, des provisions d'huile, de beurre, de sel, de poivre, de vinaigre, de chandelle, 200 volailles, du bois et autres objets utiles dans une exploitation de cette importance, 13,730 fr., ci.	13,730
Ainsi, avec 80,000 fr. on pourrait faire face aux approvisionnements ci-dessus, 80,000 fr., ci.	80,000 f.

Dès-lors, en dépensant, pour les constructions, 80,000 fr., ci.	80,000
Et 80,000 fr. pour l'achat des bestiaux, semences, instruments aratoires, et mobilier, dont le détail précède, 80,000 fr., ci.	80,000
On emploierait 160,000 fr. sur le capital que je suppose nécessaire; partant, on aurait encore de disponible, 40,000 fr., ci. . .	40,000 f.
Total égal. . .	200,000 f.

Aussitôt son installation à Marman, la colonie aurait chaque jour du lait, et le moyen de faire du beurre pour ses besoins, des œufs, quelques légumes qui croissent vite, et on ne peut raisonnablement craindre qn'en ajoutant 25,000 fr., pour faire face à leur nourriture, les colons pussent être exposés à souffrir quelques privations, car ils ont, dans les calculs qui précèdent, une partie déjà de leurs besoins assurés, du vin, du sel, l'éclairage et les approvisionnements de lait que les vaches leur donneront chaque jour.

Or, dans les fermes, on estime la nourriture d'un employé à 75 cent.; en supposant que la population de Marman soit toujours de 80 personnes, leur dépense calculée sur ce chiffre ne s'élèverait pas à 21,900 fr., et j'ai compté 25,000 fr., lorsque, parmi ces 80 personnes, il y aura nécessairement des enfants, dont la consommation sera moins forte, et que déjà on aura dans la ferme une portion de l'alimentation de chaque jour, et qu'on n'aura, pour ainsi dire, qu'à se fournir de pain et de viande de boucherie.

Partant, il resterait en réserve, sur le capital de 200,000 fr., 15,000 fr., applicables à toutes les dépenses imprévues dans une semblable organisation, et qui, au besoin, pourraient, en partie, s'appliquer aux constructions.

TROISIÈME SECTION.

Travaux antérieurs à l'installation des colons et exécutés sans eux, et dans la supposition qu'ils pourraient aller habiter à Marman en septembre ou octobre 1850, et dans l'hypothèse de la formation du capital de 200,000 fr., nécessaire à la création projetée.

Aussitôt la formation du capital, un membre de la Compagnie Rouennaise se rendrait en Afrique, et avec le représentant de la compagnie des fondateurs ou bailleurs de fonds, ils choisiraient, à Marman, l'emplacement que devrait occuper le siége de la ferme qu'il s'agit d'établir.

Ce choix fait, des ordres seraient donnés à un entrepreneur de bâtiments, à Blidah, de construire : 1° un bâtiment capable de recevoir et loger 18 à 20 personnes, de manière cependant à ce que, plus tard, il pût servir aux usages et aux besoins de la colonie; 2° une grande écurie à côté, suffisante pour loger 8 à 10 chevaux, 3 à 4 vaches, 2 voitures et 2 ou 3 charrues.

10,000 fr. employés à cet usage seraient suffisants

et diminueraient d'autant les dépenses à faire, à même le capital de 80,000 fr., destiné aux bâtiments.

Ces constructions achevées, le directeur qui aurait été choisi pour administrer Marman, partirait de France avec quinze ouvriers briquetiers, maçons, charpentiers, charretiers, connaissant tous un peu la culture (et destinés plus tard à être employés dans la mise en valeur de la terre de Marman, et deux servantes), ils iraient s'installer dans les constructions dont je viens de parler.

Sous les ordres du directeur, ces ouvriers s'occuperaient à faire de la brique, à extraire du bloc, du sable, du caillou, à tout ce qui serait nécessaire, enfin, pour la continuation des constructions à faire.

Le directeur ayant à sa disposition 8 à 10 chevaux, les emploierait à faire les charriages nécessaires en bois, chaux, tuiles, etc., etc., parce que tous, et sous cette direction, concourraient avec les employés de l'entrepreneur de Blidah, qui en serait chargé, à la construction des murs d'enceinte (1), bâtiments d'habitation, écuries, bergeries, etc., dont nous avons parlé; le tout en exécution de plans qui auraient été préalablement arrêtés, et dont le directeur de la colonie surveillerait ainsi l'exécution; quant à l'entrepreneur de ces travaux, il n'aurait que des

(1) En s'adressant à l'autorité militaire, on obtiendrait très probablement qu'un certain nombre de soldats, habitués aux travaux de construction, fussent employés, moyennant un supplément de paie, à l'élévation de ceux à faire à Marman. On en a agi de cette manière pour plusieurs colons, qui ont formé des fermes dans la Mitidja.

ouvriers à donner et des instruments; on le fournirait de tous les matériaux nécessaires.

Pendant le cours de ces travaux de construction, et lorsque la saison convenable serait arrivée, le directeur de la colonie ferait faire 15 hectares de blé, 8 hectares d'orge, 2 hectares de seigle et 5 hectares d'autres menus grains, sur la portion de la terre de Marman, dont la culture lui paraîtrait la plus commode et la plus avantageuse. (Son choix serait facile, puisque depuis plusieurs années, les terres de Marman sont cultivées par des Arabes, qui ont jugé à propos de s'y installer, et qui, en 1847, y avaient de très belles récoltes.)

Les 8 à 10 chevaux qu'il aurait à sa disposition, ainsi que les employés convenables qu'il aurait emmenés de France, le mettraient en mesure de faire exécuter facilement ce commencement de culture, on le fournirait de semences convenables, et on tiendrait à sa disposition les fonds dont il aurait besoin, car tous ces travaux de construction et de culture s'exécuteraient en vue et dans l'intérêt de la colonie projetée, et à même le capital destiné à cet emploi.

Ces 15 employés choisis par le directeur seraient nourris par ses soins, même les jours de dimanches et de fêtes, et payés 2 fr. 50 cent. par chaque jour de travail, ainsi que les 2 servantes qui, outre le soin à donner aux vaches, auraient à s'occuper de préparer la nourriture de ce commencement de colonie.

Le paiement du salaire et la nourriture de ces divers employés, calculés comme nous venons de le dire, coûterait pendant un an, moins de 21,000 fr., en comptant 500 fr. pour les 2 servantes, et 3,000 fr. pour l'entretien des chevaux et vaches pendant huit mois environ, et jusqu'au mois de mai qui suivrait l'installation à Marman (car avant la fin de mai, on aurait déjà tous les fourrages nécessaires à leur alimentation, et dont la récolte serait faite), 21,000 fr., ci. . . . . 21,000 fr.

Le traitement du directeur, pendant cette même année de travaux préparatoires, serait fixé à 3,000 fr., ci. 3,000

Total. . . 24,000 fr.

Lorsqu'arriverait la saison de faire les foins, tous ces employés cesseraient leurs travaux de construction (dont l'entrepreneur principal s'occuperait alors exclusivement), pour s'occuper des récoltes, avec les faucheurs et autres ouvriers, que le directeur verrait à se procurer dans le pays.

En supposant qu'à raison de la disette de bras, il ne pût récolter que 300 hectares de foin sur la totalité de la terre de Marman, ces 300 hectares, à raison de 50 quintaux par hectare, donneraient 15,000 quintaux de foin, qui, en les admettant vendus à 8 fr., donneraient la somme de 120,000 fr., ci. . . . . 120,000 f.

En estimant à moitié de la valeur les frais de fauchaison et de transport, cette moitié serait de 60,000 fr., ci. 60,000

Il resterait encore libre 60,000 fr., ci. . 60,000

A Reporter. . . 60,000 f.

Report. . .	60,000 f.
Dont un douzième serait à compter aux propriétaires de Marman, ou 5,000 fr., ci.	5,000
Sur les autres 55,000 fr. on prélèverait :	
1° 10,000 fr. pour le service des intérêts du capital de 200,000 fr., employés à la création de Marman, 10,000 fr., ci. . .	10,000
2° 4,000 fr. pour faire face aux frais de voyage qu'un des membres pour ce désigné par les propriétaires de Marman, et un délégué choisi parmi les prêteurs du capital de 200,000 fr., pourraient faire, pour aller surveiller, par eux-mêmes, l'exécution et l'état d'avancement des travaux, 4,000 fr., ci.	4,000
3° 2,000 fr. pour indemniser le représentant de la Compagnie Rouennaise, à Blidah, des voyages répétés qu'il devrait faire pour surveiller les travaux, et en rendre compte, 2,000 fr., ci.	2,000
4° 6,000 fr. pour le directeur de cette petite colonie, 6,000 fr., ci.	6,000
5° 6,000 fr. seraient attribués aux 15 employés, et aux 2 servantes attachés à la personne du directeur, ce qui donnerait à chacun une bonification de 352 fr. environ, à ajouter à leurs salaires, 6,000 fr., ci. . .	6,000
A Reporter. . . .	33,000 f.

Report. . .	33,000 f.
6° Pour les 27,000 fr. d'excédant, ils seraient ajoutés au capital de 200,000 fr. destiné à l'établissement de Marman, et pour y contribuer, en cas d'insuffisance de ce même capital, et au besoin, subvenir aux frais de transport des membres de la colonie, jusqu'à Marman, 27,000 fr., ci. . .	27,000
Total égal. . .	60,000 f.

Quant à la récolte des 15 hectares de blé, de l'orge et autres produits obtenus pendant l'année de construction, ils seraient, aussitôt leur récolte, mis en réserve pour faire face aux besoins de la colonie lors de son installation ; elle y trouverait ainsi, lors de son arrivée, plus de blé, d'orge, que ses besoins n'en pourraient comporter, et pourrait déjà en vendre une partie.

Toutefois, et aussitôt cette récolte faite, on prendrait le blé nécessaire à la fourniture du pain pour le directeur et les employés qu'il aurait avec lui, et la nourriture des chevaux et vaches.

Comme on a pu le remarquer, j'ai supposé qu'on ne vendrait que la récolte de 300 hectares de foin, que l'on cultiverait 30 hectares de terre en céréales, ce qui fait en tout 330 hectares, mais Marman contenant 736 hectares, j'ai donc négligé 406 hectares susceptibles de produire aussi des foins ; à cet égard, il faudrait encore que la colonie provisoire récoltât sur ces 406 hectares, et mît en réserve environ 5,000 quintaux de foin, destinés aux besoins de tous les chevaux, bestiaux de toute nature qui devraient être placés sur Marman, lorsque cette propriété serait en état d'installation complète.

On trouverait, dans les 27,000 fr. mis en réserve ci-dessus, pour être ajoutés au capital de 200,000 fr., somme plus que suffisante pour faire face aux frais de fauchage de cette quantité de 5,000 quintaux de foin, et leur placement dans l'intérieur de la ferme de Marman, qui contiendrait ainsi à l'avance la nourriture assurée des colons, et des animaux de travail.

Avec du zèle, de l'activité, toutes les constructions peuvent être achevées et habitables pour le mois de septembre 1850, époque supposée possible pour l'installation complète de la colonie de Marman.

QUATRIÈME SECTION.

On pourra s'étonner, peut-être, que sur une exploitation d'une aussi grande étendue que Marman, je ne parle d'y installer provisoirement que 50 chevaux, 10 mulets, 50 vaches et bœufs, et 500 brebis et moutons, quand on pourrait, avec avantage, y avoir un nombre bien plus considérable de ces animaux.

Voici ma raison d'agir : voulant opérer sur un capital de 200,000 fr., et qu'il soit suffisant, j'ai dû restreindre à l'absolu nécessaire les dépenses à faire à ce sujet.

Or, 50 chevaux et 10 mulets suffiront bien à labourer et herser 150 hectares de blé, 80 hectares d'orge, 20 hectares destinés à une plantation de tabac, et 70 hec-

tares de terre destinés à diverses autres cultures, ce qui donne un total de 320 hectares.

Il n'est pas de cultivateur qui ne puisse labourer 50 ares de terre par jour; or, 10 charrues y étant employées, on pourra, en trente jours et avec 30 chevaux, disposer 150 hectares de blé, qui seront de suite hersés et mis en état d'être ensemencés, en y employant les autres 20 chevaux (et les 10 mulets dont on pourra se servir aussi dans l'exploitation), et, comme tous les genres de semences ne se font pas au même moment, l'emploi de 60 bêtes de trait pourra suffir à tout, d'autant mieux qu'au lieu de trente jours à employer pour ces travaux, *après la saison des pluies* (le mois de novembre). On pourrait les commencer dès le 15 octobre, et avoir ainsi tout le temps nécessaire pour la saison à blé

Mais, il n'est pas dans ma pensée que le nombre des chevaux reste ainsi fixé à toujours, à 50 sur Marman, je trouve utile, au contraire, qu'il soit porté à 100, et on y arrivera ainsi en moins de trois ans.

Je suppose qu'on aura 40 juments et 10 chevaux; avec 40 juments on peut espérer raisonnablement 20 poulains ou pouliches par an; ainsi, après trois années d'exploitation, on aura déjà plus de 100 chevaux, et on pourra s'occuper de faire des élèves destinés à être vendus, ce qui constituera une heureuse et excellente spéculation pour l'avenir.

Quant aux bêtes à cornes, je suppose qu'on aura d'abord 40 vaches; avec ce nombre on pourra espérer, chaque année, 30 veaux ou génisses, et après un délai de deux ans, avoir obtenu le nombre de 100 bestiaux de cette espèce, et s'occuper ensuite d'engraisser des

6

bœufs ou des vaches, et d'en livrer au commerce.

Pour les bêtes à laine, si on se procure dans l'origine 20 béliers et 480 brebis, on pourra obtenir une augmentation de 300 agneaux par an, en supposant qu'un quart des brebis ne rapportent pas (1); ainsi, en moins de trois ans, on aura un troupeau de plus de 1,200 moutons et brebis, ce qui augmentera de beaucoup la quantité de laine à vendre, permettra de faire parquer plus de 60 hectares de terres destinés à faire du blé, et lorsqu'on aura obtenu ce nombre de 1,200 têtes, on s'occupera d'engraisser un certain nombre de ces animaux pour la boucherie, ou de vendre des agneaux, et dans les sept dernières années d'exploitation, on obtiendra du croît, annuel de la laine et des fumiers de ce troupeau, des produits importants pour la colonie.

TROISIÈME PARTIE.

PREMIÈRE SECTION.

Evaluation des produits de l'exploitation et fixation des réserves à faire pour les besoins des colons.

PREMIER ARTICLE DE RECETTES.

Dans mon plan, j'admets que, dans la première année de son installation, la colonie devra faire 150 hectares de

(1) En Algérie, bon nombre de brebis portent deux fois par an, ce qui permet d'être assuré, qu'en moins de trois ans, on aura plus de 1,200 têtes de ce genre de bétail.

blé, et je suppose que chaque hectare ne pourra produire moins de 30 hectolitres (les Arabes les obtiennent sans engrais, sans une bonne culture et sur des terres médiocres); or, pour qui connaît les terres de la Mitidja, ce qu'avec une culture raisonnable elles pourront rendre, il est incontestable que ma fixation sera dépassée; cependant, pour être certain de rester dans la vérité, je m'arrête à ce rendement de 30 hectolitres.

Partant, 150 hectares de blé produiront, chaque année, 4,500 hectolitres, ci. . . . . 4,500 hect.

J'ai indiqué précédemment que les semences en blé devraient être fournies à la colonie, afin qu'elle eût en ce genre de bons produits, et pût se fournir elle-même de semence pour les années suivantes, et assurer sa nourriture.

Je suppose qu'en prélevant, pour ces deux destinations, 700 hectolitres, on pourvoiera convenablement à tous les besoins.

J'ai appliqué 300 hectolitres aux semences, ce qui donne 2 hectolitres par hectare.

En Normandie et dans les bonnes terres, on n'emploie pas plus de 100 kilogrammes de blé pour ensemencer 56 ares 75 centiares de terre, ce qui suppose 176 kilogrammes par hectare.

2 hectolitres de bon blé ne pèsent pas moins de 160 kilogrammes; de sorte qu'au premier aperçu, je ne compterais pas assez en ne portant que 2 hectolitres ou 160 kilogrammes pour l'ensemencement de chaque hectare de terre, puisqu'en Normandie il en faut d'ordinaire 176

kilogrammes; mais il ne faut pas oublier que les terres de la Mitidja sont bien supérieures aux nôtres, que la végétation y prend des développements plus considérables, que les blés y atteignent une élévation que les nôtres n'obtiennent jamais; de sorte que 2 hectolitres de blé seront probablement trop considérables (1); quoi qu'il en soit, je m'arrête à cette quantité, qui nécessite une réserve de 300 hectolitres pour les semences.

Maintenant j'applique 400 hectolitres à la nourriture de la colonie et de ses divers employés, et de suite j'indique les motifs qui me font croire à leur suffisance.

400 hectolitres de blé, du poids chacun de 80 kilogrammes, donneront ensemble 32,000 kilogrammes de blé, ci. . . . . 32,000 kilog.

La conversion du blé en farine occasionnera une diminution d'un quart, ou 8,000 kilogrammes environ par le rendement en son, qui servira pour les bestiaux de la ferme, ci. . . . . . . 8,000 kilog.

Partant, on aura en farine 24,000 kilogrammes, ci. . . . . 24,000 kilog.

Mais l'eau entre pour un sixième environ dans le poids du pain ou dans l'es-

A Reporter. . . 24,000 kilog.

(1) Si on consulte les personnes qui ont écrit sur l'Afrique, notamment l'ouvrage de M. Moll, on verra qu'il ne demande qu'un hectolitre et demi de semences par hectare, d'autres mêmes se contentent d'un hectolitre.

Report. . . .	24,000 kilog.
pèce, pour 4,000 kilogrammes, ci. . .	4,000
A ce moyen, on aurait annuellement, pour les besoins de la ferme, 28,000 kilogrammes de pain, ci.	28,000 kilog.

Ce qui donnera 2,333 kilogrammes par chaque mois, et comme la population de la colonie se composera de travailleurs et d'enfants, qui nécessairement absorbent moins de nourriture, 2,333 kilogrammes suffiront à la colonie, sa population habituelle fût-elle de 90 personnes, parce qu'en Afrique, et dans la saison des chaleurs surtout, on mange beaucoup moins que dans le Nord, et que le café *maure* remplace, pour beaucoup d'individus, notre nourriture habituelle, et dans l'été, il pourra être nécessaire d'en donner souvent à nos colons comme tonique (1).

De ce qui précède, il suit que 700 hectolitres de blé devant être prélevés sur une récolte de 4,500 hectolitres, la colonie ne pourra disposer, chaque année, que de 3,800 hectolitres, qui devront produire 57,000 fr. par an, en supposant qu'on ne vende qu'à raison de 15 fr. l'hectolitre.

En France, le prix moyen du blé varie de 20 à 22 fr.; dans les années de production, mais les blés y sont mieux

(1) On donne du café à l'armée d'Afrique, et ce qu'en dit M. Périer dans son *Exploration scientifique de l'Algérie*, publiée par ordre du Gouvernement, prouve qu'on devrait en donner aussi aux colons. Pareil conseil se trouve dans l'ouvrage de M. Moll. (1er volume page 131.)

récoltés, mieux battus, mieux criblés, et beaucoup plus propres que ceux qui viennent de l'Afrique, ce qui tient (comme je l'ai déjà dit), à ce que, dans ce pays, on bat le blé à l'aide de chevaux, sur le champ même où il est récolté, sur la terre; il suit de là, que ces blés contiennent beaucoup de poussière, de mauvaises graines et du gravier, ce qui nuit beaucoup à leur vente ; à tel point, que j'ai vu des commerçants de céréales faire une différence de 4 à 5 fr. entre un hectolitre de nos blés et ceux d'Afrique.

Sans doute, nos colons porteront à Marman des habitudes bien préférables à celles des Arabes, ils récolteront, battront et cribleront leurs blés de manière à n'en livrer que de propres et convenables pour l'exportation, afin de justifier leur réputation de bons cultivateurs ; mais, malgré cela, il leur faudra plusieurs années pour vaincre l'opinion accréditée et longtemps méritée, du reste, que les blés d'Afrique étaient moins avantageux, pour la boulangerie, que ceux de France.

A ce motif principal, qui me porte à ne compter le blé qu'à raison de 15 fr. l'hectolitre, je dois en ajouter un second, tiré des frais de transport, à raison de l'exportation d'Algérie en France.

Le prix du fret, en temps ordinaire, s'élève de 35 à 40 fr. par tonneau de 15 hectolitres, d'Algérie à Rouen; mais comme c'est sur Marseille, Toulon et Cette, que les blés d'Afrique devront principalement être dirigés, on peut évaluer le fret de 15 à 18 fr. par tonneau.

Ainsi, quoique achetés 15 fr., ces blés pris en Algérie, reviendraient à Marseille au prix de 16 fr.

Evidemment, le prix que j'indique est trop peu élevé, surtout parce que la colonie de Marman pourra et devra livrer de bons blés bien nettoyés, exempts du reproche fait à ceux vendus par les Arabes; mais à supposer que le prix pût rester longtemps à 15 fr. l'hectolitre, on doit regarder comme certain que le prix ne sera jamais inférieur, et compter ainsi sur un produit annuel (pour 3,800 hectolitres) de 57,000 fr., ci . . . . 57,000 f.

DEUXIÈME ARTICLE DE RECETTES.

Les orges d'Afrique sont de bonne qualité, elles ne rendent pas moins de 40 hectolitres par hectare, et on fera 80 hectares, dans mes prévisions, à Marman.

80 hectares d'orge fourniront ainsi 3,200 hectolitres par an ; en supposant qu'on en conserve un quart pour les besoins de la colonie, pour les chevaux, les bœufs et vaches, pour l'engrais des animaux et les semences, ce qui devra être plus que suffisant, on pourra, chaque année, disposer de 2,400 hectolitres, qui, à raison de 10 fr., produiront annuellement 24,000 fr., ci. . 24,000

En temps ordinaire, l'orge vaut de 12 à 13 fr. l'hectolitre, et l'orge d'Afrique est supérieure à la nôtre; cependant, à cause du fret, je ne la compte qu'à 10 fr. l'hect., et on peut être assuré d'en obtenir davantage dans tout le Midi de la France.

A Reporter. . . 81,000 f.

Report. . . 81,000 f.

TROISIÈME ARTICLE DE RECETTES.

On pourra vendre, chaque année, 125 hectares de foin, lesquels, à raison de 50 quintaux par hectare (et on obtiendra toujours plus à Marman), fourniront 6,250 quintaux, qui, à 8 fr. seulement le quintal, donneront, chaque année, 50,000 fr., ci. . 50,000

A cette occasion, je dois faire remarquer encore que les foins sont rarement vendus au-dessous de 10 fr., en Algérie, que d'ordinaire, ils sont payés plutôt 11 et 12 fr. que 10, qu'on en a payé jusqu'à 16 et 18 fr., qu'on faisait venir d'Italie et de la Bretagne; en ne portant que 8 fr. par quintal, les colons de Marman devront tenir pour certain qu'ils en obtiendront davantage, trouveront facilement à en vendre à ce prix (même pour l'exportation), dans le Midi de la France où les fourrages sont fort chers.

QUATRIÈME ARTICLE DE RECETTES.

Dans les parties arrosables de la terre de Marman, et sur les bords de la Chiffa, il sera aisé de cultiver 20 hectares de tabac (1)

A Reporter. . . 131,000 f.

(1) On trouve, dans le second volume de l'ouvrage de M. Moll (page 264), un Traité complet de ce genre de culture.

Report. . . 131,000 f.

qui réussit parfaitement en Algérie, et ne produit pas moins de 800 fr. par hectare à ceux qui s'en occupent.

J'admets que les colons de Marman n'en obtiennent que 500 fr. par hectare, ils obtiendraient une recette de 10,000 fr. pour cet article spécial, ci. 10,000

CINQUIÈME ARTICLE. — RECETTES DIVERSES.

Comme on a pu le remarquer, 70 hectares de terre seront affectés à la culture du colza, de l'avoine, du chanvre, des betteraves, des haricots, des pommes de terre; en admettant que le quart de ce produit soit nécessaire aux besoins généraux de la colonie de Marman, elle pourra disposer de trois quarts, en ne calculant la valeur de chaque récolte qu'à raison de 300 fr. par hectare; 70 hectares devraient rendre une valeur de 21,000 fr., j'en déduis 6,000 fr. pour les besoins présumés de Marman, et j'arrive à cette conclusion : qu'ils devront retirer, chaque année, plus de 15,000 fr. par les ventes qu'ils pourront faire de ces diverses denrées, 15,000 fr., ci. 15,000

Total des recettes ci-dessus. . . 156,000 f.

Comme on peut le remarquer, je ne parle pas de la

vente de la laine, du beurre que fournira le lait des vaches, des œufs; cependant, si on se donne la peine d'y réfléchir, on pourra se convaincre, sans efforts, que les récoltes seront bien supérieures à mes indications, surtout lorsque le troupeau sera composé de 1,200 têtes, que les vaches et les chevaux seront arrivés chacun au nombre de 100 ; lorsqu'on vendra des élèves en chevaux, des bœufs ou des vaches grasses, 4 à 500 agneaux, et cela, chaque année, pour ne conserver sur l'exploitation que le nombre de bestiaux que j'ai précédemment indiqué.

A ne s'occuper que des céréales, et des graines dont j'ai parlé plus haut, on peut aisément compter sur une recette de plus de 20,000 fr., supérieure à celle que j'ai indiquée, car, pour le colza, son prix moyen est de 20 à 22 fr., celui du lin est le même; on fait venir à grands frais ces graines de Saint-Pétersbourg, de Riga, etc., le fret d'Ager à Marseille et dans le Midi, sera toujours bien moins élevé, ces produits y sont recherchés, ainsi que le chanvre, tous réussissent très bien daus les plaines de la Mididja, et ne manqueront pas d'être une source de prospérité pour la colonie.

Mais, si je n'ai parlé que des produits bien connus dans la Normandie, il en est d'autres plus avantageux, que la colonie voudra obtenir de la fertilité du sol confié à ses travaux, de la douceur du climat ; les plantations d'orangers, d'oliviers, etc., lui offriront aussi, pour l'avenir, de grandes ressources, lorsque les membres, ayant complété leur éducation africaine, auront vu et appris tout ce qu'ils devront faire pour augmenter leur prospérité.

Dans le tableau des recettes qui précède, j'ai voulu ne présenter que des résultats certains, incontestables, je les ai réduits volontairement, afin de n'occasionner pour les colons, d'autre déception que celle d'obtenir plus que ce que j'annonce ; j'ai désiré et voulu rester au-dessous de la vérité, afin de prévenir ainsi tout reproche d'avoir annoncé des produits imaginaires.

D'ailleurs, et pour rendre plus incontestable encore ce fait, que les recettes ne pourront jamais être inférieures à 156,000 fr., il ne faut pas oublier que 576 hectares sont seuls affectés à la formation de la colonie; mais que la terre de Marman contient 736 hectares ; que dès-lors, il restera encore 160 hectares de terre à la Compagnie Rouennaise, que la colonie jouira de ces 160 hectares (et sans rien payer), jusqu'à l'époque où la compagnie pourra songer, soit à les vendre par partie, pour l'établissement de nouvelles fermes; mais, dans son intérêt même, elle devra attendre au moins trois ans avant de songer à faire aucunes ventes, car, *plus cette colonie sera prospère*, plus la compagnie aura de chances de tirer un parti avantageux de ses terres, sur lesquelles, d'ailleurs, elle pourrait elle-même songer à créer plusieurs exploitations particulières, afin d'augmenter ainsi la population de Marman, qui, pour moi, serait destinée à devenir une des communes de la Mitidja.

Les capitalistes qui fourniraient le capital de 200,000 fr. dont j'ai parlé, pourraient d'ailleurs stipuler contre la compagnie, qu'elle ne pourrait disposer que de 50 hectares de terre, pendant les *trois premières années* qui suivraient l'installation de la colonie, qui, quoi qu'il arrivât et pendant ce délai, aurait ainsi la jouissance assurée et gratuite de ces 100 hectares de terre en plus.

Avec de pareils éléments, il est vraiment impossible qu'on ne fasse pas plus de 156,000 fr. de recettes annuelles.

QUATRIÈME PARTIE.

PREMIÈRE SECTION.

Indication des charges à acquitter sur les produits. — Du mode de partage des bénéfices et de l'extinction du capital de 200,000 fr.

Sur les charges.

On devra prélever chaque année :

1° 10,000 fr. pour les intérêts à 5 pour cent du capital de 200,000 fr., avancé pour la formation de la colonie, 10,000 fr., ci. . . . . 10,000 f.

2° 3,000 fr. pour fermages de 575 hectares de terre, à la Compagnie Rouennaise (1),

A Reporter. . . 10,000 f.

(1) On pourra s'étonner, peut-être, qu'à propos d'une pareille fondation, je stipule un loyer de 3,000 fr. en faveur de la Compagnie Rouennaise, quand on pourrait obtenir une concession gratuite de terrain, pour former cette entreprise.

Mais je ne considère pas ce fermage comme une stipulation forcée, indispensable ; je crois, cependant, qu'on devrait en fixer un quelconque, car, la terre de Marman se trouvant à la porte de Blidah et cultivée depuis plusieurs années, serait plus avantageuse (même en payant un fermage), pour établir une colonie normande, que toutes les concessions gratuites que l'Etat pourrait faire sur d'autres points de l'Afrique.

Report. . .	10,000 f.
3,000 fr., ci.	3,000
3° Pour le traitement fixe de 5 charretiers et de 2 bergers, à raison de 400 fr. chacun, 2,800 fr., ci.	2,800
4° Pour les gages de 5 servantes, à raison de 250 fr. pour chacune, 1,250 fr., ci. .	1,250
5° Gages de 2 domestiques, valets de cour, à 300 fr. pour chacun, 600 fr., ci. . .	600
6° Traitement fixe du directeur de la colonie, 3,000 fr., ci.	3,000
7° 6,500 fr. pour faire face à environ 1,800 journées d'ouvriers qu'il faudra employer aux travaux de semence et de récolte, etc., à raison de l'insuffisance du nombre de colons et d'employés attachés à Marman, 6,500 fr., ci.	6,500
8° 5,000 fr. pour l'entretien des voitures, charrues, harnais, ferrage de chevaux (comme une partie de cet entretien pourra se trouver exécuté par un ou plusieurs des colons, ayant à cet égard, des connaissances spéciales), cette somme de 5,000 fr. devra suffire, 5,000 fr., ci.	5,000
7° 15,000 fr. pour assurer la nourriture de la colonie, qui, trouvant à Marman le blé, le beurre, le lait, les œufs, les légumes (et qui pourra, au moyen de vignobles,	
A Reporter. . .	32,150 f.

Report. . .	32,150 f.
obtenir, après trois ans, le moyen de se fournir le vin nécessaire), devra avoir ainsi des moyens plus que suffisants d'acheter, chaque année, la viande et les autres provisions nécessaires, même celle en vin, jusqu'à ce qu'elle en produise elle-même, 15,000 fr., ci.	15,000
Ainsi, les charges générales ne s'élèveraient annuellement qu'à 47,150 fr., ci. .	47,150 f.

Toutefois, je suppose que tout puisse s'élever à 50,000 fr. (ce qui est trop évidemment) ; mais, pour établir une somme ronde, qui ne permette pas de doute sur l'exactitude de ces calculs, et la suffisance de leur chiffre,

Les recettes présumées étant portées à 156,000 fr., ci.	156,000 f.
Et les charges annuelles, 50,000 fr., ci.	50,000
Il restera, comme bénéfice net, sur l'exploitation, 106,000 fr., ci.	106,000 f.

DEUXIÈME SECTION.

—

Du partage des bénéfices.

Pour organiser la colonie de Marman d'une manière convenable, j'ai dit qu'on devrait se procurer 12 familles de colons, leur assurer une certaine quantité de terres, une maison d'habitation avec masure; mais au lieu de leur attribuer un traitement fixe de 6 ou 800 fr. par famille, ce qui les laisserait dans la condition d'ouvriers salariés, mon but serait de les élever de suite à *la dignité* de cultivateurs, travaillant sous une direction unique, à un fonds commun, à leurs propres terres (puisque, pendant dix ans, celles qui leur sont destinées seront comprises dans l'exploitation de Marman), et employant leur force, leurs connaissances, à obtenir le meilleurs résultats possibles, dans l'intérêt de leu bien-être personnel, et pour augmenter ainsi leur part de bénéfices dans la culture, dont ils devraient d'autan mieux s'occuper, qu'elle devrait leur assurer plus que l'aisance, mais une véritable fortune relative.

Il s'agit maintenant de déterminer leur part dans les bénéfices, et d'en attribuer une portion aussi à toutes les personnes employées à l'exploitation, afin que chacun travaille, avec d'autant plus d'ardeur, à l'intérêt de la colonie, qu'il serait le sien propre.

Les bénéfices présumés étant de **106,000** fr., la moitié de cette somme de 53,000 fr. serait attribuée à tous les colons et employés, et partagée entre eux de la manière suivante, ci. . . . . 53,000 f.

Ces 53,000 fr. ci-dessus seraient divisés en 16 parts :

1° Une pour le directeur, le seizième de 53,000 fr., s'élèverait et donnerait pour lui

A Reporter. . . . 53,000 f.

Report. . .	53,000 f.
(outre son traitement fixe de 3,000 fr., dont il est question aux charges générales), 3,312 fr. 50 cent., ci. .	3,312 f. 50 c.
2° 12 parts pour les 12 familles de colons; ces 12 parts étant chacune de 3,312 fr. 50 cent. donneraient 39,750 fr., ci. .	39,750 »
Et 3° 3 parts pour les 14 charretiers, bergers, valets de cour et servantes attachés à la colonie, ces 3 parts réunies s'élèveraient ensemble à 9,937 fr. 50 c., ci.	9,937 50
Total égal à la moitié des bénéfices, 53,000 fr., ci.	53,000 f. » c.
Quant aux 9,337 fr. 50 cent., ci.	9,337 f. 50 c.
revenant aux 14 employés de l'exploitation, ils seraient divisés entre eux par quatorzième, sans distinction d'emploi ou de sexe; les servantes auraient autant que les bergers et les	
A Reporter. . .	9,337 f. 50 c.

Report. . . 9,337 f. 50 c.

charretiers, puisque ce serait leur concours réuni qui aurait procuré leur bien-être mutuel.

Chaque part s'élèverait à 709 fr. 82 cent.; or, à 2 cent. près, ces quatorze parts donneraient ensemble 9,337 fr. 50 cent., ci. . . 9,337 f. 50 c.

Ainsi, chaque employé de la ferme, sans avoir l'avantage d'être colon, aurait, outre les traitements indiqués précédemment, 709 fr. 82 cent. à ajouter à son salaire.

Avec de pareils avantages, il me paraîtrait difficile de ne pas obtenir des charretiers soigneux de leurs chevaux, des bergers s'occupant bien de leurs troupeaux, des servantes ne donnant pas des soins vigilants aux vaches et aux détails du ménage, quand l'importance de leurs bénéfices dépendrait du zèle que chacun d'eux apporterait dans les travaux qui lui seraient confiés.

Dans une pareille situation, et avec de pareilles conditions, n'est-il pas supposable qu'on devrait trouver des colons capables, laborieux, d'une moralité sûre, de bons employés, lorsqu'au lieu d'une existence pénible, et qui ne leur assure rien pour l'avenir, ils trouveraient, à Marman, l'espoir fondé du bien-être, de l'aisance et de la fortune? Est-ce qu'avec leurs efforts réunis, on ne devrait pas être assuré d'obtenir des recettes bien supérieures aux 156,000 fr. seulement, auxquelles je les ai évaluées, et lors même que le rendement du blé pourrait être de 3 à 5 hectolitres moins considérable que celui que j'ai indiqué, comme pouvant et devant être obtenu ?

TROISIÈME SECTION.

De la réserve à faire sur les bénéfices des colons pour assurer, à la fin de l'association, les fonds nécessaires pour les constructions utiles à chacun d'eux, pour l'exploitation de sa propriété personnelle.

Je dois ici entrer dans quelques développements pour faire bien comprendre mes intentions.

Il ne s'agit pas, dans ma pensée, de créer une exploitation commune pour un délai de dix ans, et de présenter les bénéfices qu'elle offrira, comme un appât, à des colons qui ne viendront en Afrique, qu'en vue des économies qu'ils espéreront réaliser en dix ans, et par leur part dans les produits que j'ai expliqués, et par la vente du lot de terre et de la maison qui leur seraient attribués; et qui, aussitôt ce délai de dix ans expiré, s'empresseront de rentrer en France pour y jouir des bénéfices que déjà ils auront pu faire; mais, au contraire, d'attacher de nouveaux habitants à l'Algérie, de véritables cultivateurs placés déjà, à l'expiration de ce délai, dans de bonnes conditions pour être utiles à l'Afrique, et exploiter eux-mêmes, non-seulement le lot de terre qui leur appartiendra, mais encore en affermer d'autres, afin d'avoir ainsi un faire valoir assez important pour leur offrir des éléments de fortune.

Dans mon plan, chaque colon ne deviendrait propriétaire définitif de son lot qu'autant qu'il resterait dix ans attaché à l'exploitation de Marman. En supposant qu'un ou plusieurs des colons vînssent à mourrir avant ce délai, les familles de ces colons n'auraient droit à ce lot qu'autant qu'elles continueraient de travailler à Marman, chacun suivant ses forces, jusqu'à l'expiration de ce délai de dix ans.

Dans le cas, au contraire, où par suite du décès d'un colon, sa famille voudrait rentrer en France, le lot qui lui était destiné, serait réservé pour une autre famille de colons, qui serait appelée à succéder à celle qui jugerait convenable de se retirer.

Ce remplacement serait opéré par les soins du directeur de la colonie et de la Compagnie Rouennaise.

A la fin de l'association, chaque colon aurait bien 4 hectares de terre, une maison et une masure ; mais cette maison seule ne serait pas suffisante pour former une petite ferme ; il faudrait, à chacun, une écurie, une étable, un abri pour une voiture et une charrue, quelques bestiaux et des semences ; 3,000 fr. seraient un capital plus que suffisant pour de pareilles dépenses ; or, pour les assurer, parce qu'elles seraient obligatoires, on devrait, chaque année, et sur la part revenant à chacun des colons, pendant l'exploitation commune, retenir un dixième sur ses bénéfices, jusqu'à l'époque à laquelle le dixième, ainsi retenu, s'élèverait à 3,000 fr.

J'ai supposé, dans la deuxième section qui précède, que la part annuelle de bénéfices de chaque colon devrait être de 3,312 fr. 50 cent. (taux qui ne tarderait pas à être bien supérieur); partant, le dixième à retenir serait de 331 fr. 50 cent., et s'opérerait, chaque année, jusqu'au moment où chaque colon aurait obtenu sa réserve de 3,000 fr.

Une fois ce chiffre obtenu, toute retenue cesserait ; mais les colons ne pourraient l'exiger qu'à la fin de l'association, et pour l'employer comme je viens de le dire, soit qu'ils voulussent occuper leur propriété eux-mêmes, soit la louer à d'autres, pour revenir en France, ou se fixer ailleurs.

Car, il ne pourrait dépendre de leur volonté de bâtir ou de ne pas bâtir, et de laisser leur lot de terre inculte; et les 3,000 fr. ainsi retenus, ne le seraient qu'en vue d'assurer l'occupation et l'exploitation de leur propriété personnelle, et une population française et certaine à Marman, ce qui serait autant dans l'intérêt de la Compagnie Rouennaise que dans celui des autres colons, voulant occuper leur lot, et désireux de voir se grouper près d'eux le plus grand nombre possible de leurs compatriotes.

Pour assurer l'exécution de cette intention, la somme de 3,000 fr. revenant à chaque colon, ne lui serait versée qu'au fur et à mesure de ses constructions, et de l'achat de ses instruments et animaux de travail.

QUATRIÈME SECTION.

Emploi des 53,000 fr. formant la part des bénéfices à revenir à la compagnie propriétaire de Marman, et mode d'extinction du capital de 200,000 fr.

Sur les bénéfices s'élevant à 53,000 fr., ci. . . . . 53,000 f.

On prélèverait, chaque année : 1° un sixième ou 3,312 fr. 50 cent. en faveur du directeur, 3,312 fr. 50 c. ci. . . . . 3,312 f. 50 c.

2° 25,000 fr. pour rembourser, par fractions les 200,000 avancés à la colonie, et diminuer d'autant les intérêts à servir aux prêteurs, 25,000 fr., ci. 25,000 »

Total. . . 28,312 f. 50 c.

A ce moyen, il ne resterait plus à la Compagnie Rouennaise, sur les bénéfices, que 24,687 fr. 50 c. ci. 24,687 50

Somme égale. . . 53,000 f. » c.

Sur cette somme de 24,687 fr. 50 c., ci. . . . . 24,687 f. 50 c.

A Reporter. . . 24,687 f. 50 c.

Report. . . 24,687 f. 50 c.

On prélèverait encore :

1° 3,000 fr. pour faire face aux frais d'un voyage, qu'annuellement pourraient et devraient faire un délégué des personnes ayant fourni le capital de 200,000 fr., et un des membres de la Compagnie Rouennaise, pour aller visiter la colonie, vérifier les cultures, les plantations, l'administration du directeur, sa comptabilité, recevoir les observations des colons, et au besoin, leurs conseils, 3,000 fr., ci. . . . . 3,000 f.

2° 2,400 fr., qui seraient employés en achats et plantations d'arbres de toute espèce, orangers, jujubiers, citronniers, oliviers, etc., sur la propriété et pour en augmenter la valeur ; et ce, d'après les indications qui seraient fixées par le directeur, pour créer de l'ordre et de la régularité dans ces plantations, 2,400 fr., ci. . 2,400

3° 600 fr., qui seraient

A Reporter. . . 5,400 f. 24,687 f. 50 c.

Report. . . .	5,400 f.	24,687 f. 50 c.
employés à faire, chaque année, sur les 12 lots attribués aux colons, une plantation d'arbustes, jusqu'à concurrence de 50 f. par chacun, de manière qu'à la fin de l'association, on eût dépensé 500 fr. en plantations sur chaque lot, en vignes et autres arbustes, 600 fr., ci.	600	
4° 1,000 fr., qui formeraient le traitement fixe attribué à un médecin de Blidah, pour visiter deux fois par semaine les colons, s'assurer de leur santé et les aider de ses soins et de ses conseils; 1,000 fr., ci. . . .	1,000	
Total. . .	7,000 f.	7,000 »
		17,687 f. 50 c.

A ce moyen, la compagnie recevrait, chaque année, et encaisserait, pour sa part dans les bénéfices de l'exploitation commune, 17,687 fr. 50 cent.; et, comme je crois l'avoir démontré, ces bénéfices ne pourraient manquer d'être plus considérables, et pour les colons, et pour la compagnie, qui, en se prêtant à la mise à exécution de mon plan, ferait une opération très avantageuse, et cependant ferait un acte utile aux divers colons, dont elle assurerait l'avenir et la fortune.

Toutefois, cette base de répartition ne devrait avoir lieu qu'après la deuxième année de l'installation de la colonie, afin de laisser ainsi, et sur les produits de la première année, un capital en réserve pour les besoins de l'avenir; ainsi, la première année, on devrait prélever seulement, sur cette moitié de bénéfice, 10,312 fr. 50 cent., savoir :

1° Seizième pour le directeur 3,312 fr. 50 cent., ci.	3,312 f. 50 c.
2° 7,000 fr. pour les causes indiquées aux articles 1, 2, 3 et 4 qui précèdent, ci	7,000 »
Total égal.	10,312 fr. 50 c.

Quant aux 42,687 fr. 50 cent., ils seraient mis en réserve pour faire face à toutes les éventualités qui pourraient surgir pendant la durée qu'aurait la colonie, soit en constructions, soit pour assurer le complément nécessaire, pour assurer les remboursements partiels de 25,000 fr. à faire aux prêteurs, dans les années où de mauvaises récoltes ne permettraient pas de leurs fournir pareille somme de 25,000 fr.

CINQUIÈME PARTIE.

PREMIÈRE SECTION.

Du choix du directeur de la colonie, de sa comptabilité et des moyens de surveillance à exercer sur lui.

Il est d'une grande importance, sans doute, pour l'avenir de la colonie projetée, que le directeur qui lui serait donné, soit un bon cultivateur, un homme actif, intelligent, ayant déjà une certaine éducation, beaucoup de probité et d'énergie pour diriger une pareille entreprise.

Mais, si on le veut, on pourra trouver, dans le pays de Caux, un homme ayant ces qualités. Depuis trente à quarante ans, nos agriculteurs ont beaucoup gagné en connaissances et sous le rapport de l'éducation; et, pour être considérable, l'exploitation de la terre de Marman sera moins importante que celle de certaines grandes fermes de la Beauce et du Vexin.

Si on ne trouve pas de riches cultivateurs pour accepter une pareille mission, on pourrait en trouver d'aisés qui seraient séduits par l'idée d'attacher leur nom à une grande fondation *agricole normande* sur le sol africain, et qu'un noble amour-propre guiderait dans cette mission, qui, d'ailleurs, leur offrirait une position très avantageuse et l'assurance d'y obtenir un moyen de fortune.

En effet, ce directeur aurait d'abord : 1° un traitement fixe de 3,000 fr., ci. . . . . 3,000 f. » c.

2° Un seizième sur la moitié des bénéfices attribués aux colons dans mes calculs; j'ai fixé cette part à 3,312 fr. 50 cent., ci. 3,312 50

Et 3° un autre seizième, ou 3,312 fr. 50 cent. sur la moitié revenant à la Compagnie Rouennaise, ci. 3,312 50

Total. . . . . 9,625 fr. » c.

Et cela, outre la propriété de 8 hectares de terre, le logement et la nourriture pour lui, sa femme et ses enfants, car je désirerais que ce directeur fût marié.

Une semblable position ne saurait manquer d'être d'autant plus recherchée, qu'elle ferait, de celui qui serait choisi, un des grands cultivateurs de l'Afrique, lui donnerait un vaste commandement, et devrait lui assurer des bénéfices bien supérieurs à ceux que j'ai indiqués.

On peut allier très bien le désir de faire une fortune honnête à celui d'être utile à son pays, et le cultivateur qui serait chargé d'organiser et de diriger Marman, servirait non-seulement ses intérêts propres, mais encore ceux de sa patrie et ceux de 12 familles, qui iraient se placer sous sa direction.

Le désir de faire fortune, un noble amour-propre, la volonté d'attacher son nom à une grande entreprise, agiraient, sans aucun doute, sur plus d'un de nos cultivateurs, quand on leur aurait fait connaître le but et les avantages de cette mission.

Avant de faire un pareil choix, cependant, la prudence ordonnerait une grande circonspection, afin de se bien assurer de la moralité, de la probité et de la capacité de celui qu'on devrait investir d'un pareil mandat ; car il ne s'agirait pas d'avoir un savant, un homme à théories, mais un homme calme, pratique, observateur et capable de profiter de l'expérience des cultivateurs déjà établis en Algérie, connaissant les éléments de la comptabilité, et joignant à ces qualités une gande activité et de la fermeté.

Comme ce directeur aurait à rendre un compte exact de ses recettes et dépenses, il pourrait trouver le moyen de se faire aider, soit par ses enfants, s'il en avait, soit par quelque fils d'un des colons, pour tenir ses écritures, jour par jour, de manière à indiquer ses diverses opérations, les sommes payées ou reçues, les achats ou les ventes.

Il ne faut pas se grandir inutilement les difficultés d'une pareille comptabilité; à Marman, on ne vendra pas 2, 4, 10 hectolitres de blé ou d'orge, quelques cents de foin, comme cela se pratique dans nos petites fermes; là, toutes les opérations de cette nature seront peu nombreuses, mais elles se feront pour de grandes quantités et par des prix considérables, ce qui occasionnera moins d'écritures qu'au premier aperçu on serait tenté de le croire.

Les blés, les orges, seront probablement vendus pour le midi de la France ou pour les besoins de l'armée d'Afrique, il en sera de même des fourrages ; quant aux récoltes de tabac, elles seront prises par l'Etat, ce qui ne donnera pas lieu à un grand nombre de marchés à faire par le directeur personnellement.

Ce qui occasionnera plus de détails, ce sera la vente des élèves de bestiaux, du beurre, etc. ; mais, avec un peu d'ordre, le directeur choisi saura bien se faire rendre compte de tout ce qu'il aura fait acheter ou vendre par ceux des colons, qu'à l'occasion il emploiera dans les circonstances où il trouvera utile de s'adresser à eux.

Sa gestion, sera d'ailleurs surveillée de fait par les colons, dont le concours sera nécessaire pour mesurer, livrer et transporter les denrées qui seront vendues, et qui ne tarderaient pas à s'apercevoir si quelque dissimulation était tentée pour cacher la vérité, soit sur le prix des ventes, soit sur leur importance, ou sur le prix des achats.

Pour qu'un contrôle sérieux et sévère, à cet égard, fût exercé, les 12 chefs de familles de colons se réuniraient, tous les quinze jours, et le dimanche, sous la présidence du directeur, qui leur donnerait connaissance des ventes ou des acquisitions, qui auraient été faites dans cet intervalle, des sommes reçues ou dépensées, et leur donnerait lecture, sur ses registres, des écritures qu'il aurait passées à ce sujet.

Tous les mois, le représentant de la Compagnie Rouennaise se rendrait à Marman pour vérifier les écritures tenues et leur état, et à chaque visite, il arrêterait les comptes de recettes et de dépenses qu'il parapherait *ne varietur;* puis un duplicata de ces écritures serait, à chacune des visites du représentant, adressé à la Compagnie, avec les observations qu'il jugerait utile de faire, ou que les colons lui auraient soumises.

Avec ces précautions, les colons seraient tranquilles sur leurs intérêts personnels, il n'auraient aucune malversation à craindre, lors même que la coupable pensée en naîtrait chez leur chef.

Ce contrôle n'aurait rien de blessant pour le directeur, car il serait exercé par des colons ayant les mêmes intérêts que lui, s'ingérant dans la connaissance de leurs affaires personnelles, puisqu'ils auraient part dans les bénéfices; d'ailleurs, il en serait prévenu et saurait, avant d'accepter sa mission, s'il éprouverait de la répugnance à s'y soumettre, car cette mesure serait utile aux colons comme à la compagnie, afin que tous les intérêts fussent efficacement sauvegardés.

Je ne fais aucun doute qu'il suffira de le vouloir pour trouver un directeur ayant les qualités convenables, et son acceptation exercera une très grande influence sur l'esprit des familles qu'on désirera lui attacher comme colons, et que son exemple entraînera à sa suite.

DEUXIÈME SECTION.

Du choix des colons et des employés.

J'ai déjà indiqué qu'il me paraissait important d'avoir une famille du Midi, connaissant un peu l'agriculture, mais surtout la culture de la vigne et les préparations à donner pour obtenir du vin; il faudrait donc trouver, dans le département, 11 familles dont les chefs auraient de vingt-cinq à cinquante ans, joignant aux diverses connaissances dont j'ai parlé dans la quatrième section de la première partie de ce plan, une grande sobriété (car l'intempérance serait mortelle en Afrique), de l'activité, de la force, de la probité et des habitudes religieuses, qu'on devrait rechercher essentiellement aussi chez le directeur. Ces diverses qualités seraient indispensables, et leur absence chez un bon nombre des premiers colons qui sont allés en Algérie, a dû contribuer à la misère et à la ruine du plus grand nombre.

On pourrait dire des premiers colons, ce qu'on a dit ou pensé d'un bon nombre des premiers individus employés aux fonctions subalternes de l'administration, c'est que, dans l'origine, tous ceux qui se sont présentés et ont été admis ou employés, laissaient fort à désirer; il y *avait bien du frétin,* mais, faute de meilleurs instruments, on devait se servir de ceux qu'on pouvait trouver; les mêmes précautions seraient à prendre pour les 14 charretiers, bergers, valets de cour et servantes qu'on devrait attacher à la colonie, de manière à ce qu'elle ne fût composée que de travailleurs estimables, ayant tous bonne opinion les uns des autres, et plus disposés à vivre ensemble comme membres d'une seule et même famille, à se rendre, à ce titre, tous les genres de service qui seraient en leur puissance, et qui, au moyen de cette composition et de leur nombre, trouveraient, à Marman, une communauté de souvenirs et d'affections, et s'y trouveraient presque, comme dans les communes qu'ils auraient abandonnées pour se faire colons.

Dans les campagnes, les sentiments religieux existent heureusement chez la plupart des individus occupés des travaux des champs, et ces individus religieux sont, d'ordinaire, sobres, laborieux, et par conséquent de très honnêtes artisans.

Il serait d'un bon effet moral de n'avoir, à Marman, que des travailleurs doués de ces qualités qui, en assurant leur bonheur personnel et la prospérité de l'entreprise, fourniraient de bons exemples aux colons qui viendraient s'établir dans le voisinage ; ils prouveraient aussi aux Arabes avec lesquels on se trouverait en rapport, que des colons *normands* et chrétiens (bien qu'ils les qualifient du nom de chiens), sont des individus probes, charitables, laborieux, croyant à leur Dieu, et le servant avec autant d'ardeur qu'eux-mêmes en mettent à satisfaire aux lois du Coran.

Les Arabes ont une grande foi dans leurs croyances religieuses, ils en suivent les règles avec bien plus d'exactitude que nous n'en mettons dans la pratique des nôtres, et sont d'autant moins disposés à nous estimer, que, quoique nous disant chrétiens, nous ne nous astreignons à aucunes observances, à aucun acte extérieur du culte; de telle sorte, que pour beaucoup d'entre eux, nous sommes réputés ne croire à rien.

Les habitudes des colons de Marman feraient revenir de cette erreur les Arabes leurs voisins, et pour peu qu'on saisît toutes les occasions qu'on aurait de leur rendre quelques services de bon voisinage, de leur prouver une probité exacte et sévère, on ne tarderait pas, malgré la différence de culte, à obtenir leur estime et peut-être leur affection, car, les bons offices attachent d'ordinaire ceux auxquels on les rend.

D'ailleurs, et dans le sentiment religieux, les colons trouveraient eux-mêmes une nouvelle force pour vivre éloignés de la France, et cependant, se trouver heureux de leur position, de leurs travaux et de leur existence nouvelle.

Avec du soin et le concours du directeur dont j'ai parlé dans la section qui précède, on trouverait, sans aucun doute, dans le département, 11 familles qui échangeraient volontiers une existence pénible, laborieuse, pour profiter des avantages que leur offrirait le titre de colons. La pensée de devenir propriétaires, de faire fortune, de vivre au milieu d'individus ayant la même origine, parlant le même langage, d'une moralité certaine, devrait entraîner bien des résolutions.

Pour plus d'un chef de famille, il s'agirait de créer un avenir à ses enfants, et comme il ne s'en séparerait pas, que tous venant avec lui, grandiraient sous ses yeux, pour concourir aux mêmes travaux dès que leurs forces le permettraient, on ne pourrait manquer de trouver ces colons.

Il en serait de même pour les charretiers, bergers et servantes, on trouverait, dans plus d'une famille, un frère et une sœur, qui, en vue d'un salaire plus élevé que celui qu'ils gagnent ; *d'une part des bénéfices à ajouter à ce salaire,* et d'un hectare de terre à obtenir, se décideraient à venir se fixer à Marman, où ils se trouveraient avec des familles de leur pays, et probablement de leur connaissance.

J'ai d'autant plus de motifs de croire que les choses devraient se passer ainsi, que dans l'été de 1847, quelques individus ayant répandu le bruit que j'étais allé en Afrique pour y fonder une grande ferme, plus de 50 personnes du pays de Caux (dont la plupart étaient mariés), de professions diverses, maçons, charpentiers, terrassiers, laboureurs, vinrent offrir leurs services et étaient tous disposés à passer en Algérie. J'induis de ce fait, qui m'est personnel, qu'on trouverait sans peine, dans le département, les éléments nécessaires pour former, suivant mes désirs, la colonie qui m'occupe, surtout si quelques maires de nos communes du pays de Caux, quelques riches propriétaires-cultivateurs, encouragés par nos principaux fonctionnaires et les membres de notre Conseil général, consentaient à s'occuper du choix de ces colons, à leur faire apprécier les avantages qui leur seraient offerts.

Plusieurs personnes, instruites de mon projet, ont trouvé étrange que je ne voulusse employer que des habitants de la Seine-Inférieure (moins une famille de vignerons), tandis que la Belgique offrirait des cultivateurs supérieurs au nôtres; qu'en Picardie, en Alsace, on trouverait des familles propres également à la culture, et qui seraient plus disposées à de semblables émigrations.

Mais, pour moi, mon but étant de faire une colonie normande, de créer un œuvre départemental, je ne devais rechercher les éléments de cette création, que dans le pays qui devait en être le fondateur.

TROISIÈME SECTION.

Dans la troisième section de la deuxième partie de ce projet, j'ai dit qu'avant l'installation de la colonie, et pour y parvenir, le directeur devrait se rendre une année à l'avance, à Marman, avec 15 ouvriers de divers états, et 2 servantes, pour concourir, sous sa surveillance, aux travaux de construction, et commencer à cultiver une certaine portion de terre, et faire des foins; une partie de ces mêmes ouvriers pourrait plus tard être conservée et employée aux travaux de la colonie, car sa force numérique, d'après la composition que j'ai indiquée, ne serait pas suffisante pour les travaux d'une semblable exploitation; aussi, ai-je compté 6,500 fr. pour les journaliers qu'on aurait à y employer, chaque année, pour les labours, semences, et pour les récoltes.

En effet, chaque famille de colons se composera de quatre à cinq personnes environ, le père, la mère et trois enfants; mais, en admettant que l'aîné de ces enfants puisse déjà être compté parmi les travailleurs, les deux autres seront trop jeunes pour être utilisés; ainsi, chaque famille ne fournirait réellement que trois travailleurs, ce qui, pour 12 familles, formerait 36 personnes, ci. 36

Plus, 14 employés non colons, ci. 14

Au total 50 personnes, ci. . . 50

Evidemment, ces 50 personnes ne suffiraient pas à cultiver 325 hectares de terre, à en faire la récolte, ainsi que celle de 250 hectares de foin, bien que la rentrée des céréales se fasse plus rapidement qu'en Normandie, parce qu'on n'a pas redouter les pluies, à perdre un temps considérable à tourner les blés, orges ou avoines, à en faire (ce qu'on appelle chez nous des demoiselles), à faire des gerbées, à en faire autant pour les foins (qui se vendent au poids, par quintal et non par cent bottes), ce qui donne lieu à une grande économie de temps et de bras, il ne s'ensuit pas moins que 50 personnes travaillant seules, à Marman, seraient insuffisantes; que dans certaines époques on devra avoir recours à des journaliers du dehors; de telle sorte, que ceux qui auraient accompagné le directeur de la colonie, pour concourir aux constructions préalables, qui ne croiraient pas devoir s'y attacher à toujours et d'une manière absolue, à raison de ce qu'ayant une profession spéciale, ils ne manqueraient pas de travaux à faire dans le voisinage de Blidah, pourraient, au moins, depuis le mois de janvier jusqu'à la mi-juin, être assurés d'y trouver une occupation permanente, s'il leur était agréable d'y louer leur temps, et d'y obtenir un salaire avantageux, la nourriture et 2 fr. 50 cent. à 3 fr. par jour, salaire qu'aucun d'eux n'obtient jamais en Normandie, même dans le mois d'août, et lorsqu'ils travaillent à l'entreprise et non à la journée, car alors les gens d'août, ne gagnent d'ordinaire, que 1 fr., 1 fr. 50 cent., à 2 fr. au plus et la nourriture.

Cette année, employée aux constructions, servirait au directeur à connaître la Mitidja, la production de ses terres, le mode de culture qui lui paraîtrait le plus avantageux, la forme des divers instruments employés, le prix courant des chevaux, des bœufs, des vaches, des moutons ; il avancerait d'autant son éducation agricole qu'il aurait à approprier au climat, auquel il se formerait lui-même, ainsi que les personnes qui l'auraient suivi.

En vivant d'une manière sobre, en se conformant à l'obligation de se couvrir fortement le soir, à cause des brouillards humides qui règnent dans la Mitidja, *en obligeant ses subordonnés aux mêmes soins*, aucun d'eux n'aurait rien à redouter du climat, et après une année passée en Afrique, ils fourniraient aux colons, qui devraient se réunir à eux, la preuve que, malgré trois ou quatre mois de chaleurs vives, pendant lesquels les colons auraient peu de travaux à faire dans le milieu du jour, on peut se trouver aussi bien en Algérie que partout ailleurs, surtout en s'abtenant d'eau-de-vie, de liqueurs fortes, et en menant une vie sobre, mais active.

QUATRIÈME SECTION.

Soins à donner aux enfants de la colonie, et dispositions pour les femmes des colons.

Comme dans chacune des 12 familles de colons, il pourrait y avoir de jeunes enfants qui nécessiteraient une surveillance continuelle, le directeur désignerait la femme d'un des colons ou une des servantes, pour les surveiller de manière à ce que les mères étant ainsi tranquilles, puissent s'occuper des travaux qui leur seraient confiés.

On trouverait sans doute, dans les membres de la colonie, une personne qui pourrait se charger d'apprendre à lire et à écrire à ces mêmes enfants, afin de leur créer une occupation utile, assortie à leur âge, et de leur donner ainsi l'avantage d'une éducation, bien imparfaite sans doute, mais suffisante pour leurs besoins à venir; ces enfants n'auraient pas, à ce moyen, un professeur d'écriture et de calcul élémentaire bien profond, bien distingué; mais, pourvu que le but soit atteint, et on peut rationnellement l'espérer, on ferait ainsi, pour ces enfants, tout ce qu'on peut pour leur être utile, et plus que leurs parents, pour la plupart, feraient pour eux s'ils n'eussent pas quitté leur pays.

Le samedi de chaque semaine, et autant que le directeur le jugerait possible aux besoins de l'exploitation, les femmes des colons pourraient être dispensées de travail, et employer cette journée dans l'intérieur de leurs ménages respectifs, pour les soins à donner à leur linge, à leurs vêtements, à ceux de leur famille.

Quant au blanchissage du linge, il serait fait tous les mois, et plus souvent, si besoin était, une lessive qui comprendrait tous les effets que les colons et les employés auraient à faire blanchir.

La colonie aurait, à cet effet, une ou plusieurs grandes cuves et une buanderie disposée à cet usage.

CINQUIÈME SECTION.

Prévision des besoins personnels des membres de la colonie et des employés, au moment de leur installation à Marman.

Comme en arrivant en Afrique, chaque famille de colon pourrait avoir à se fournir de certains meubles ou vêtements qui manqueraient au ménage, on avancerait, aux familles qui le réclameraient, 300 fr., qui seraient retenus, à la fin de l'année, sur la part de bénéfice revenant à ceux qui auraient réclamé cette avance.

Au nombre des charretiers, bergers et autres employés de la ferme, il s'en trouverait sans doute, qui seraient mariés, et viendraient avec leur famille, se fixer à Marman (ce qui serait désirable, parce que ces familles augmenteraient ainsi le nombre dès travailleurs, qui recevraient leur part de salaire à même le capital de 6,500 fr., destinés à cet effet, sous l'art. 7 de la première section, de la quatrième partie); on pourrait aussi leur avancer 200 fr., pour faire face aux besoins de leur installation personnelle, sauf à déduire cette somme sur leur traitement, et à la fin de l'année. Cette précaution mettrait ainsi, colons et employés, à même de se fournir les objets dont l'utilité serait, par eux, reconnue nécessaire, comme addition au mobilier dont ils seraient déjà en possession, en partant de France.

SIXIÈME SECTION.

Prévision pour les mariages.

Pendant la durée de la colonisation en commun, il arrivera, nécessairement, que des mariages auront lieu entre les jeunes gens des deux sexes qui auront suivi leur famille, et auront grandi à Marman.

Il conviendrait, qu'en vue de ces mariages et des familles nouvelles qui en seront la conséquence, la Compagnie Rouennaise employât, à même sa part dans les bénefices, jusqu'à concurrence de 18,000 fr., pour faire construire, dans le voisinage de la ferme coloniale, trois maisons susceptibles de recevoir chacune deux ménages; ces six logements seraient destinés aux six premiers époux que la colonie de Marman aurait fournie. Indépendamment de ces six logements, 24 hectares de terre seraient réservés par la compagnie (à même les 160 hectares qu'elle conserverait), pour former six petites exploitations, que les six ménages pourraient occuper et faire valoir.

Le prix de location serait, dès à présent, fixé à 300 fr., et la durée de ces locations serait calculée de manière à cesser à l'époque où cessera la culture en commun de la grande exploitation.

Les six premiers ménages que cette colonie fournirait, et qui consentiraient à occuper une des locations ci-dessus et à les faire valoir, recevraient, au moment de leur union civile et religieuse, chacun 500 fr., à même la part des bénéfices revenant à la compagnie, dans l'année qui aurait précédé ces unions.

Mais ces avantages ne pourraient avoir lieu et être réclamés, qu'après que chacun de ces époux aurait été, avant le mariage, employé pendant trois ans, au moins, avec leur famille aux travaux de la colonie principale, sans distinction, à cet égard, entre les enfants des colons ou des simples employés de cette exploitation.

SEPTIÈME SECTION.

Police de la colonie.

Au moyen d'une cloche, du poids de 25 kilogrammes, placée sur l'habitation du directeur, tous les employés, colons et autres seraient appelés, chaque jour, soit aux travaux, soit pour les repas.

S'il arrivait que, sans attendre l'expiration du délai de dix ans, une famille de colons voulût se retirer, elle perdrait, bien entendu, tous droits à la propriété du lot de terre, de la maison et de la masure destinés à chacun; mais aussi, elle ne pourrait exiger la remise du dixième de bénéfice qui lui aurait été retenu, en vue d'assurer les constructions dont il est parlé à la troisième section de la quatrième partie.

Dans ce cas encore, et au moment de ce départ, l'émigrant, qu'il fût colon ou simple employé, ne pourrait exiger de part dans les bénéfices que l'exploitation aurait présentée, ou pourrait présenter dans l'année où il lui conviendrait de quitter l'exploitation.

Cette part de bénéfice servirait à payer les employés qu'on appellerait momentanément, pour se livrer aux travaux que la famille émigrante ou l'employé partant aurait été appelée à rendre, et l'excédant, s'il y en avait, serait ajouté aux bénéfices généraux, et jusqu'au moment du remplacement de cette famille ou de cet employé, par un autre qui viendrait prendre son lieu et place, et aurait droit, par le seul fait de son installation, au fonds de réserve destiné, dans l'origine, au colon qu'il remplacerait.

Si, pendant la durée fixée à cette exploitation en commun, une famille de colons venait à se conduire d'une manière telle que son éloignement fût reconnu nécessaire, tous les chefs de famille de colons seraient appelés, sous la présidence du directeur et sur sa convocation, à juger de la nécessité d'une pareille mesure, qui ne pourrait être adoptée que sur l'avis de la majorité des membres.

SIXIÈME ET DERNIÈRE PARTIE.

PREMIÈRE SECTION.

Formation d'un capital de 200,000 fr.

La terre de Marman étant la propriété particulière de la Compagnie Rouennaise, il paraîtra peut-être étrange, qu'en présence des avantages que j'indique comme certains, et avec une conviction profonde de succès, cette compagnie ne se charge pas elle-même de faire les fonds nécessaires à la création que je viens de développer, et que je veuille les obtenir de personnes qui n'ont aucun intérêt dans cette compagnie.

Je vais de suite expliquer mes motifs pour en agir ainsi :

Si la colonie de Marman était fondée par la Compagnie Rouennaise, cette création constituerait une spéculation privée, qui ne donnerait pas aux développements de la culture, en Afrique, l'impulsion morale que, suivant moi, la réalisation de mon plan peut lui donner ; cette fondation prouverait la confiance de quelques individus dans l'avenir de l'Afrique ; mais leur œuvre serait considérée comme un acte d'industrialisme isolé, utile à l'Afrique, mais sans aucun retentissement au-dehors, sans grande portée pour l'avenir.

Mon but, au contraire, serait de faire une œuvre départementale, qui, au moyen de l'avance de 1,000 fr. par chacun des 200 membres qui voudraient s'y intéresser, les mettrait à même de concourir à une action que je crois bonne, honorable, profondément utile, et sans danger pour eux, parce qu'à mes yeux, ils seraient certains de rentrer dans les 1,000 fr. qu'ils devraient avancer.

Un pareil concours, qui ne pourrait émaner que de personnes aisées, de propriétaires ou de commerçants, serait une véritable démonstration publique de la foi qu'on doit avoir dans la conservation de l'Algérie, et réagirait sur les colons qu'il s'agirait d'y implanter, et qui ne manqueraient pas d'être frappés de cette considération que tant de personnes, prenant intérêt à une semblable création, c'est qu'elles auraient foi dans le succès.

Cette démonstration aurait une portée plus grande encore : elle prouverait, de la part de ceux qui y contribueraient, la volonté de venir en aide à un certain nombre d'individus, qui, de simples ouvriers, sans espoir de fortune, seraient de suite appelés à devenir propriétaires, et placés dans d'excellentes conditions pour acquérir une aisance honnête.

Suivant moi enfin, on ferait, sans rien compromettre, un véritable acte de patriotisme, de haute moralité et de bienfaisance, en contribuant ainsi à l'extinction du paupérisme et à l'amélioration de la position d'ouvriers pauvres, mais estimables. Quelques personnes auxquelles j'ai parlé de mon projet, se sont étonnées que je ne l'aie pas présenté comme une spéculation pour des bailleurs de fonds, qu'on aurait pu trouver plus aisément, en leur offrant une moitié des bénéfices ; mais en procédant ainsi, on aurait fait encore de l'industrialisme, et, pour moi, je désirerais qu'on ne fît que de la bienfaisance.

En facilitant la colonisation algérienne, on assurerait, dans l'avenir, des débouchés plus considérables à nos manufactures, et par conséquent, l'emploi des bras d'un plus grand nombre d'ouvriers. Le commerce de la Seine-Inférieure est plus intéressé qu'aucun autre, par la nature de ses produits, à la prospérité de l'Algérie, à l'augmentation de sa population, car, la consommation considérable qu'elle fait déjà de nos articles de fabrique, s'augmentera dans la proportion, et de sa prospérité, et de l'accroissement de ses habitants.

Chaque jour, nous voyons de prétendus publicistes exciter les mauvaises passions chez les indigents et chez tous ceux qui, par position, sont condamnés à travailler pour vivre ! Chaque jour on exalte les vertus des derniers, et on accuse d'égoïsme tous ceux qui sont dans une position meilleure; le tout en vue de créer ainsi une égalité imaginaire.

Malgré l'amertume et l'injustice de ces reproches, il est certain que le département de la Seine-Inférieure fait beaucoup pour alléger les souffrances et les privations des malheureux.

En 1846 et 1847, indépendamment des secours fournis par l'Etat, et dus pour beaucoup à la sollicitude de M. le Préfet de la Seine-Inférieure, toutes les communes se sont imposées de lourdes charges, pour organiser des ateliers de charité, des bureaux de bienfaisance et des distributions de pain à toutes les familles nécessiteuses ; évidemment, ceux qui ont fait face à ces dépenses n'étaient pas des égoïstes, car ils venaient au secours des misères dont ils étaient témoins, et obéissaient ainsi à la loi de Dieu, qui impose à ceux qui ont, l'obligation d'aider leurs semblables, qui sont dans le besoin.

En concourant à la fondation d'une colonie, à Marman, on ferait un acte d'une plus grande charité encore;

car, en 1846 et 1847, en donnant du pain à ceux qui en manquaient, on les aidait pour les besoins du moment, sans se préoccuper de l'avenir; mais, mon projet de colonie aurait pour résultat d'assurer l'aisance, la fortune, à un certain nombre de ceux qu'il a fallu secourir en 1847.

En prenant une pareille initiative, le département de la Seine-Inférieure donnerait une impulsion qui aurait son imitation dans d'autres départements.

Une fois certain du succès de l'entreprise, à Marman, on pourrait songer à former, sur le sol d'Afrique, d'autres colonies sur les mêmes bases, et avec quelques années, on parviendrait peut-être à implanter cent familles pauvres, qui, de misérables, devenant aisées, appelleraient près d'elles d'autres familles, qui voudraient aussi s'assurer l'aisance et du travail ; on contribuerait ainsi à une véritable fécondation du sol de l'Algérie, à en augmenter la population et à diminuer le paupérisme qui nous menace dans la Seine-Inférieure, plus qu'ailleurs.

En effet, le pays de Caux se compose, en grande partie, de tisserands, ayant pour la plupart des familles nombreuses; par suite des procédés nouveaux de fabrication, le salaire de ces artisans se trouve tellement diminué, que bon nombre d'entre eux, y trouvent à peine le pain qui leur est nécessaire ; ce mal qui est sans remède, va toujours croissant ; la consommation des produits de nos fabriques ne se trouve plus en rapport avec la production, parce que beaucoup de nations, qui jadis se fournissaient en France de nos articles, ont élevé des établissements semblables aux nôtres, et ce n'est qu'en payant un salaire très faible, que nos fabricants peuvent parvenir à établir leurs produits, de manière à ne pas subir eux-mêmes de grandes pertes. Grâce à l'ordonnance de 1833 (due, pour beaucoup, à M. Guizot), qui frappe d'un droit assez élevé les produits étrangers qu'on veut importer en Algérie, nos produits y ont trouvé un débouché avantageux, parce que ce même droit éloignait pour nous une concurrence dangereuse; mais, tout important qu'il est, ce grand marché africain est insuffisant pour notre production, et ce serait un véritable service que de convertir une portion de nos tisserands en ouvriers cultivateurs, parce qu'ils trouveraient, dans ces travaux, des moyens plus assurés d'existence.

Or, pour assurer dans l'agriculture le moyen d'employer des tisserands, le meilleur procédé c'est de prendre à nos agriculteurs une portion des familles qu'ils emploient, afin de les diriger sur l'Afrique, parce que ces familles seront ainsi remplacées par des tisserands, qui ne pourront que gagner à ce changement de position.

Sans doute, 70 à 80 personnes, quittant notre département pour former la colonie de Marman, ne feront pas, tout d'abord, un grand vide dans le pays, et avanceront peu mon idée de transformer des tisserands en cultivateurs; mais, qu'on ne s'y trompe pas, si la colonie réussit, et le doute ne me paraît pas possible, les premières familles qui se seront expatriées, seront suivies par un grand nombre d'autres, qui voudront aussi fuir la misère, et arriver à l'aisance; et en moins de dix ans, la fondation de Marman peut produire d'immenses résultats.

En effet, d'autres départements pourront, et par les mêmes raisons, former des colonies semblables à la nôtre, et faciliter aussi les moyens d'arriver à la fortune à un certain nombre de leurs artisans.

Mais, dans un temps donné, ce nouveau peuple d'artisans, d'ouvriers malheureux, devenus propriétaires aussi, augmentera notre richesse commerciale; car si maintenant, ils consomment peu, c'est parce qu'ils sont sans ressources; lorsque leur position sera meilleure, ils consommeront davantage, et leur bien-être personnel contribuera au nôtre, à celui de nos manufactures, de nos établissements divers.

Dans l'état présent, la plupart des familles que je parle de diriger sur l'Afrique, fournissent une partie de pauvres qu'il faut secourir dans les années de disette, parce que le salaire du chef ne suffit pas alors aux besoins de sa famille; puis arrivent les années avec les infirmités, alors le travail n'étant plus possible, ce chef, après avoir été un ouvrier laborieux, honnête, ne peut lui-même exister qu'à l'aide de la charité publique, car ses enfants, devenus pères ou mères de familles, placés dans des conditions absolument identiques, ne peuvent venir à son secours.

Or, en diminuant le nombre de ces familles, en leur offrant les moyens de s'enrichir, on diminue d'autant les éléments du paupérisme dans le département; en aidant le présent, on travaille utilement pour l'avenir.

Partant de cette idée, je trouve que les grands propriétaires, sur lesquels retombe , en général et d'une manière plus directe, l'obligation de subvenir aux classes pauvres, les industriels, les commerçants, étant les plus intéressés à la fertilisation de l'Algérie, pourraient et devraient aider à la formation de ma colonie ; car, en contribuant à une action que je crois bonne, ils allégeraient, dans l'avenir, leurs charges personnelles, et feraient un acte utile à leur pays, et d'une grande moralité ; leur initiative aurait une grande signification, serait un grand exemple qui ne manquerait pas d'être suivi ; puis, d'ailleurs, ce serait un moyen pour eux de prouver à leurs détracteurs qu'ils s'occupent aussi de la position et de l'avenir de nos ouvriers, de tous nos malheureux ; que, pour ce qui les concerne, ils veulent concourir à leur assurer des conditions meilleures ; puis ce serait un moyen encore de prouver leur confiance dans la conservation de l'Algérie, qui, devenue française, serait plus utile au monde entier que lorsqu'elle était habitée par un peuple misérable et sans aucune civilisation, servant de retraite à une foule de forbans et de flibustiers de toutes les nations.

Cette association, pour un pareil établissement, porterait un plus grand nombre de personnes à se préoccuper de l'Afrique, des ressources qu'elle peut offrir à la France, de sa fertilité, des moyens de l'utiliser ; pour beaucoup de gens, il semble que l'Afrique est aux antipodes de la France, à une distance énorme, que son climat est des plus dangereux, que notre conquête de 1830 a été une véritable calamité, qui nous impose des charges inutiles et qu'on doit regretter; mais, en s'intéressant dans la colonie, on saurait et on répandrait cette vérité, qu'Alger est à quarante heures de Marseille (qu'on peut y aller en moins de temps qu'on n'en met pour aller de Paris à Bordeaux), que le climat, pour être assez brûlant pendant trois à quatre mois, n'en est pas moins sain, qu'il n'est contraire qu'aux gens se livrant à l'ivrognerie: que si, dans l'origine, certaines parties marécageuses de la Mitidja pouvaient présenter des dangers; grâces à des canaux de desséchement, on est parvenu à remédier à ces inconvénients; que grâce à la fertilité de son sol, à la proximité de la France, nous pourrions y obtenir, plus tard, toutes les productions qui nous manquent, et nous rendent tributaires des autres nations; qu'au lieu d'aller chercher en Amérique, en Égypte et ailleurs, ce qui nous manque de blé pour suffire à nos besoins, nous pourrions nous en fournir sur un sol qui est à nous et qui serait cultivé par le trop plein de notre population; on apprendrait ainsi, qu'au lieu d'avoir été une cause de regrets, la conquête de 1830, doit exciter notre reconnaissance, puisqu'elle nous mettrait en mesure d'utiliser notre grande population de travailleurs, de leur offrir un moyen de fortune qu'ils devraient à leurs travaux, fortune que ces mêmes travaux ne pourraient, en France, procurer à la plupart d'entre eux.

Cette préoccupation sur l'Afrique, étant commune à un plus grand nombre d'intéressés, se réflèterait sur le pays, et profiterait à l'Algérie, car un plus grand nombre de personnes instruites de la richesse de son sol, des facilités de son exploitation, songeraient à aller s'y fixer; et on contribuerait ainsi à accélérer la colonisation, à augmenter rapidement le nombre de ses habitants, et par suite, à rendre moins pesantes les charges que nous imposent l'Algérie, qui ne tarderait pas ainsi, à être assimilée complètement à la France, à posséder toutes ses institutions, à supporter sa part d'impôts et à composer enfin de véritables départements français.

Sans doute, un pareil résultat ne peut s'obtenir en un jour, mais pour y arriver, il faut l'aider; les efforts tentés isolément sont utiles; mais il ne faut pas se dissimuler qne leur effet serait trop lent à se faire sentir, parce que ces efforts isolés seront l'œuvre d'un petit nombre d'individus ayant rarement les ressources nécessaires pour réussir.

Dans mon projet, au contraire, tous les moyens de succès sont assurés aux familles qu'il s'agit d'enrichir, et ils peuvent entraîner des milliers de travailleurs comme eux et à leur suite, surtout si l'exemple qu'il s'agirait de donner était suivi.

En procédant ainsi, on viendrait en aide au Gouvernement lui-même, qui, quoi qu'on en dise, ne peut improviser des colons à son gré, leur créer des fermes et leur fournir à tous, les instruments de travail; eh ! mon Dieu, le budget est déjà énorme, les charges publiques ne sont que trop lourdes, chacun le dit, et s'en préoccupe, avec assez de raison; or, la colonisation ne pouvant se faire sans argent, *sans beaucoup d'argent*, il ne faut pas demander à l'Etat des sacrifices, sans proportion avec ses ressources; mais on peut l'aider utilement en secondant ses vues, en facilant la mise en culture, à l'aide d'opérations particulières, ayant chacune une importance réelle, par le nombre de familles qui seraient appelées, dans leur propre intérêt, à en assurer le succès.

Voyons, en définitif, si on devrait hésiter à concourir à une pareille fondation :

L'appât de bénéfices à faire, de primes à réaliser sur les chemins de fer (appât qui a donné lieu à tant de déceptions), a attiré une masse énorme de capitaux. Là il ne s'agit pas d'avancer des sommes considérables, de les compromettre, de faire de la spéculation hasardeuse, mais de faire une bonne action, une chose utile au pays et à ses artisans; de donner une grande impulsion, en consentant placer 1,000 fr. à 5 pour cent, pour assurer la culture et du travail, dans un pays où les fonds se prêtent depuis 10 à 50 pour cent, et d'assurer ce travail et de l'aisance à un certain nombre de familles dignes d'intérêt.

Je ne concevrais pas qu'on pût hésiter à s'associer à une pareille entreprise, qui, sans occasionner aucune perte possible, serait cependant d'une grande philanthropie.

Je dis que cette entreprise ne pourrait occasionner aucunes pertes, car j'ai démontré, par des calculs que je crois certains et exacts, que chaque année on pourrait payer 25,000 fr. sur le capital; de sorte qu'en moins de dix ans, ce capital devrait être remboursé, ce qui n'empêcherait pas ceux qui l'auraient fourni, d'avoir fait un acte honorable, d'intérêt public, de haute charité, éminemment utile à l'avenir de notre patrie et à l'Afrique (1).

La Seine-Inférieure trouverait aisément 200 personnes parmi les propriétaires, les négociants, les fonctionnaires, qui, sans se gêner en aucune manière, pourraient fournir chacune 1,000 fr., destinés à une pareille fondation. Les 200,000 fr. seraient, à une époque convenue, déposés à la caisse de M. le receveur-général, à Rouen, pour y produire intérêts au profit de l'entreprise, à partir même du dépôt.

Les 200 déposants formeraient, entre eux, un comité gratuit, composé de 5 membres, qui auraient pour mission de stipuler avec la Compagnie Rouennaise-Algérienne, de faire connaître leurs intentions sur le projet de colonie que j'ai indiqué, la durée du bail, le prix de location, etc., etc., les avantages à assurer aux colons et aux divers autres employés.

Aussitôt ce versement de 200,000 fr. effectué, la Compagnie Rouennaise donnerait les ordres nécessaires pour faire opérer, par un entrepreneur de Blidah, les cons-

---

(1) En admettant que pendant dix années, et contre une conviction profonde, le remboursement des 200,000 fr. avancés, n'eût pu avoir lieu intégralement, la vente de tout le mobilier de Marman, en voitures, grains, chevaux, bestiaux de toute espèce, permettrait, sans contredit, à la fin de cette association, d'en opérer le solde. D'ailleurs, le fonds même de Marman, les constructions qui y seraient faites, seraient une garantie plus que suffisante, pour ne laisser aucune inquiétude sur le sort de ces 200,000 fr.

tructions préalables, dont j'ai parlé dans la troisième section de la deuxième partie du présent projet.

Ces constructions étant évaluées à 10,000 fr., moitié de cette dépense serait fournie par la Compagnie Rouennaise, à laquelle il en serait compté ultérieurement, et l'autre moitié à même le capital de 200,000 fr.

Ces premières constructions étant opérées, le directeur nommé à la colonie (au choix duquel le conseil des capitalistes aurait pu concourir) se rendrait à Marman, avec les 15 ouvriers et les 2 servantes, dont j'ai parlé dans cette même section, pour se livrer aux divers travaux de construction et de culture qui y sont indiqués.

A l'aide de bons sur le trésor et d'un crédit qui lui serait ouvert à Alger, le directeur aurait à sa disposition les fonds nécessaires pour faire face aux travaux qu'il aurait à faire exécuter, les envois de fonds suivraient d'ailleurs l'état d'avancement des travaux.

A cet effet et pour se procurer les fonds nécessaires, ils seraient prélevés (*sur des bons signés par* 2 *membres* du comité des prêteurs, et 2 *membres* du comité de la Compagnie Rouennaise, pour ce désignés), à la caisse du receveur-général, constitué banquier de l'entreprise.

Dans les quatre mois qui suivraient le départ du directeur et de son personnel d'ouvriers, un membre de la Compagnie Rouennaise et un délégué des prêteurs, se rendraient ainsi en Algérie, pour visiter les travaux déjà faits, ceux en cours d'exécution, et ceux de culture. Les frais de ce voyage seraient avancés, moitié par la Compagnie Rouennaise, l'autre moitié par les capitalistes, et pris, par ce dernier, à même les fonds déposés à la recette générale; mais, plus tard, ils seraient acquittés et prélevés sur les ventes de foins que le directeur de la compagnie aurait à faire exploiter, ainsi d'ailleurs que cela est expliqué à l'art. 2 de la troisième section de la deuxième partie du projet.

Pendant les travaux de construction, on s'occuperait de la confection des voitures, des harnais de chevaux, des instruments de labour et du mobilier nécessaire à la colonie. Pour ce qui devrait être expédié de Rouen à Marman, les sommes pour ce nécessaires seraient prises à la recette générale, et payées par les soins du conseil des bailleurs de fonds, qui remettrait sur récipissé, au comité de la Compagnie Rouennaise, les quittances constatant ces divers paiements.

En procédant avec les mêmes précautions, et pour l'achèvement complet des constructions et le complément du mobilier, les bailleurs de fonds connaîtraient l'emploi exact de leur capital ; il y aurait tranquillité et sécurité pour tous.

Le service des intérêts de 200,000 fr. se ferait tous les ans, en un seul paiement, au siége de la Compagnie Rouennaise, à Saint-Michel de chaque année, parce que les récoltes étant terminées avant la fin de juin, le directeur aurait pu, pour cette époque, vendre et encaisser une partie suffisante des produits de Marman, pour opérer : 1° le paiement des intérêts, et 2° celui de 25,000 fr., à rembourser sur le capital, jusqu'à son extinction.

A l'occasion de ces remboursements partiels, et pour

ne pas nécessiter chaque année le concours de 200 prêteurs, ayant chacun un à-compte à recevoir, on pourrait, à l'aide de 200 numéros placés dans une urne, tirer au sort l'ordre dans lequel ces remboursements devraient s'effectuer.

Ainsi, les 25 prêteurs que le hasard aurait favorisé des numéros 1 à 25, seraient remboursés entièrement à la fin de la deuxième année de l'installation complète de la colonie, les autres n'auraient à réclamer que leurs intérêts ; le même mode de procéder serait suivi pour les années suivantes, ce qui éviterait ainsi, à chacun, le désagrément de ne toucher son capital de 1,000 fr., qu'à raison d'un huitième, dans la supposition, plus que probable, où huit ans suffiraient au remboursement complet de ces 200,000 fr.

Enfin, à supposer une ou plusieurs années désastreuses qui ne permissent pas de réaliser au-delà des besoins généraux de la colonie, du service des intérêts, du traitement du directeur, des employés, et salaire des gens de journée, les remboursements partiels de 25,000 fr., qui ne pourraient avoir lieu dans le cours de ces années de détresse, seraient ajournés à l'année suivante ; dans le courant de cette même année, la Compagnie Rouennaise ne prélèverait aucune part de bénéfices, au moins jusqu'à concurrence de 25,000 fr., si sa part avait cette importance, parce que ces 25,000 fr. seraient destinés à acquitter la même somme qui n'aurait pu être acquittée l'année précédente; d'ailleurs, pour faire face à ces remboursements, on utiliserait, au besoin, la réserve dont il est question à la quatrième section de la quatrième partie ci-dessus.

Avec de pareilles précautions et l'examen de mon projet (s'il obtient la faveur de cet examen), pourra en suggérer d'autres, qui pourraient être accueillies; il me paraît évident que ceux qui consentiraient à être les véritables fondateurs de Marman (puisqu'ils seraient les bailleurs de fonds), n'auraient aucune inquiétude à concevoir sur le sort des **1,000** fr. qu'ils auraient avancés ; qu'ils auraient tout le mérite d'avoir fait une bonne action, sans avoir rien compromis, et cependant, leur utile concours, leur confiance dans l'Algérie, leur volonté de servir les intérêts de nos classes laborieuses et pauvres, leur devrait mériter encore la reconnaissance du pays et celle de l'Afrique, à laquelle ils auraient procuré une population laborieuse, honnête, active, destinée à assurer sa force et sa richesse, et à en faire, à toujours, une augmentation du territoire français, susceptible, dans un temps donné et dans le cas de conflagration européenne, de pourvoir à sa défense, par la force de sa population propre et la nature de ses productions.

A réaliser une pareille idée, à prendre une semblable initiative, le département de la Seine-Inférieure aurait donné un noble et généreux exemple, il aurait servi les intérêts de la France, et ceux des nombreux ouvriers de nos campagnes, dont le plus grand nombre est destiné à la misère la plus profonde, à tous les malheurs qui en sont l'inévitable suite ; si, à l'aide de quelques moyens que j'ignore, et autres que celui que j'indique, on n'arrive pas à utiliser leurs bras nombreux, de telle manière qu'ils puissent se procurer des salaires suffisants pour vivre et alimenter leurs familles.

Enfin, mon projet, tel qu'il est (et sauf les modifications qui pourraient, après un examen plus approfondi, y être introduites), me paraît réalisable; il ne s'agit pas d'enlever 500 familles d'un même département (comme dans le projet de M. Denain), pour les soumettre à la volonté d'un chef suprême, qui, à raison de l'étendue de sa puissance, devrait être un véritable despote; ou de réunir cent familles, comme dans le projet de M. de Raousset-Boulbon, lesquelles travailleraient chacune à leur guise, un coin de terre qui leur serait assuré, mais il s'agirait, au contraire, de trouver, dans le département (*et à ne suivre que mes désirs dans le pays de Caux*), un cultivateur capable de diriger une exploitation de 575 hectares, avec l'aide de 12 familles de colons et de 14 employés, dont il serait probablement connu, et qu'il aurait puissamment déterminé à le suivre, pour associer leur fortune à la sienne, et aller, comme lui, commencer une œuvre noble, belle, grande en résultats, glorieuse et utile en même temps pour ceux qui l'auraient entreprise.

DEUXIÈME SECTION.

Jusqu'à présent, j'ai parlé de la fondation d'une exploitation agricole et normande sur la terre de Marman, comme s'il s'agissait d'une propriété particulière dont j'eusse la libre disposition ; qu'il me fût libre de fixer la volonté et les dispositions de ceux qui en sont les copropriétaires.

Je dois ici donner de suite quelques explications sur les motifs qui me font désirer que cet établissement se fasse à Marman, et les causes qui me font espérer que le concours de tous les membres de la Compagnie Rouennaise-Algérienne, propriétaires de cette terre, serait assuré à l'exécution d'un pareil projet, auquel la plupart d'entre eux prendraient part, pour fournir aussi leur contingent de 1,000 fr. dans la colonie projetée.

La terre de Marman, située à six kilomètres de Blidah, à très peu de distance du village de Joinville, se trouve contiguë à une ville toute française, à proximité de villages français, car *Joinville* et *Dalmatie* sont déjà, en grande partie, cultivés à la française, et peuplés par nos compatriotes.

En fixant ma colonie, j'établis ses habitants au milieu de personnes de leur patrie, de leur pays, elle y trouve de suite des relations faciles, commodes, et qui pourront lui être utiles.

A Marman, et avec le voisinage de Blidah, la colonie n'a rien à redouter des Arabes, en supposant que quelques craintes pussent se glisser au cœur des colons, leur nombre les défendrait déjà, mais la proximité de Blidah et de sa garnison, ne leur permettrait même pas le sentiment de la crainte,

Pour la Compagnie Rouennaise, outre le désir naturel que ses membres auront de s'associer à une entreprise utile, leur intérêt personnel lui ferait un devoir impérieux de se prêter à l'exécution d'un pareil projet.

Après avoir, pendant bien des années, négligé les acquisitions par eux faites en Afrique, en 1834, après y avoir employé des agents devenus aussi indifférents qu'eux-mêmes au sort de leurs propriétés, beaucoup d'entre eux se sont habitués à considérer comme perdus les fonds engagés dans l'ensemble des acquisitions faites par eux, ou plutôt par ceux qu'ils représentent.

Les difficultés inhérentes aux premiers temps de la conquête, et qui ont longtemps empêché la découverte de leurs propriétés; les ordonnances survenues en 1844 et 1846, qui leur ont inspiré les craintes les plus sérieuses, sur le fait de savoir s'ils auraient autre chose que des actes nuls et insignifiants ; l'obligation où ils se sont trouvés cependant de continuer de payer des rentes pour des propriétés inconnues d'ordinaire, ou de contenances insignifiantes, en comparaison de celles qu'on leur avait fait espérer ; des spéculations établies par des Juifs ou des acheteurs de rentes, devenus propriétaires pour rien ou à peu près, des rentes dont elles étaient grevées, et qui ont dirigé contre eux les poursuites les plus actives, pour obtenir la résiliation de leurs actes d'acquisition, toutes ces causes, et plusieurs autres que je n'ai pas besoin de relever ici, ont jeté le découragement chez un certain nombre des membres de la Compagnie Rouennaise; si j'ai pu faire revivre l'espérance et ranimer le courage chez le plus grand nombre d'entre eux, il en est encore, je le crois au moins, qui n'ont pas une foi vive dans le succès de leurs opérations, et qui, certes, se refuseraient à concourir à la formation d'un capital de 200,000 fr., pour faciliter mon projet de colonie.

Parmi eux aussi, se trouvent quelques intéressés, qui, à raison de leur minorité ou autres causes accidentelles, ne pourraient concourir de leurs deniers, à la réalisation de mon plan.

Mais qu'une réunion d'hommes généreux, amis de leur pays, viennent proposer à ces indifférents ou aux représentants de ceux qui sont maintenant incapables de fournir les fonds nécessaires pour assurer l'exécution de ma colonie; oh ! alors, on peut tenir pour certain que de pareilles propositions seront acceptées, que, de suite, on s'occupera de prendre ou faire prendre toutes les délibérations, d'obtenir toutes les homologations qui seront nécssaires devant nos tribunaux, pour aider et rendre exécutable mon projet. Malgré les aliénations partielles de terre qu'il s'agit d'assurer au profit des colons, de leur directeur et des employés, on n'a pas à redouter que les tribunaux refusent les pouvoirs nécessaires, en présence des avantages énormes, certains, que ces aliénations insignifiantes assureraient à tous ceux qui devraient y concourir, et qui, au lieu d'une propriété considérable, sans doute, mais qui maintenant ne rapporte rien, *absolument rien,* deviendrait une source de fortune pour ceux auxquels elle appartient, fortune qui devrait sa cause à la fondation de la colonie.

Je vais plus loin encore : c'est que, si par impossible, on n'avait pas de moyens de vaincre les difficultés résultant de la position particulière à quelques-uns des co-propriétaires, ou qu'on ne pût obtenir de nos tribunaux les autorisations suffisantes pour les incapables, on devrait, à l'instant même, provoquer la vente de la terre de Marman, la racheter au profit de tous les co-propriétaires actuels et que rien n'empêcherait de concourir à la formation de cette colonie ; *quatre à cinq mois au plus suffiraient pour arriver à ce résultat.*

En se prêtant à l'exécution de ce plan, la Société Rouennaise ferait un bénéfice considérable, car elle serait assurée, après les dix années que la colonie devrait durer, avec une existence commune, d'avoir une propriété énorme dont chaque colon réclamerait une partie pour l'ajouter à son exploitation particulière, ce qui n'empêcherait pas de conserver encore une grande exploitation pour utiliser les bâtiments de la ferme coloniale.

En aidant à la formation de cette entreprise, la Compagnie Rouennaise servirait aussi ses intérêts, et elle ne tarderait pas sans doute, à fonder elle-même, sur la terre de Ben-Salah (1), qui se trouve à huit kilomètres environ de Marman, une nouvelle colonie normande, destinée à devenir l'émule et la rivale de la première,

---

(1) Si au lieu de 200,000 fr., on obtenait des souscriptions suffisantes pour fournir 400,000 fr., on ferait bien de fonder, de suite, cette seconde colonie normande à Ben-Salah, les éléments en seraient les mêmes ; les efforts particuliers à la Compagnie Rouennaise, devraient alors se porter sur une autre de leurs propriétés, comme à Kodja-Beny, Saint-Charles, par exemple.

à augmenter sa force et à devenir une nouvelle commune africaine, composée de travailleurs normands.

Ainsi, la Compagnie Rouennaise-Algérienne contribuerait, pour sa part, à la fécondation de l'Algérie; en travaillant à obtenir un résultat si désiré, si utile, elle servirait ses intérêts personnels ; mais les bailleurs du fonds de 200,000 fr. que je réclame, auraient plus encore que cette compagnie, droit à la reconnaissance des journaliers-agriculteurs du département de la Seine-Inférieure, car ce serait à leur généreux et patriotique concours, que de pareils résultats seraient dus ! ! !

TROISIÈME DIVISION.

Réflexions sur diverses modifications à apporter dans les ordonnances qui régissent l'Algérie, comme moyen d'en hâter la colonisation.

PREMIÈRE SECTION.

—

L'article 16 de l'ordonnance du 1er octobre 1844, est ainsi conçu :

« Nul officier des armées de terre ou de mer, nul fonc-
» tionnaire ou employé militaire ou civil salarié, ne
» pourra, pendant la durée de son service en Algérie,
» y acquérir des propriétés immobiliaires, directement
» ou indirectement, par lui-même ou par personnes
» interposées, ou devenir preneur ou locataire de sem-
» blables propriétés, par bail excédant neuf ans, s'il n'a
» obtenu, de notre ministre de la guerre, une autorisa-
» tion spéciale. »

Voilà une disposition bien nette et bien claire, qui frappe toutes les personnes dont elle parle d'incapacité pour acquérir, etc., *sans une autorisation spéciale et préalable.*

Comme le dit, avec beaucoup de raison, M. Montagne,

dans un commentaire critique de l'ordonnance de 1844, publiée à Alger en 1845 : « Depuis le gouverneur-géné-
» ral jusqu'au garçon de bureau, au tambour d'un régi-
» ment ou de la milice et au mousse attaché au service
» des ports, eût-il trente ans de service et plus, nul ne
» pourra dire : *Voici ma propriété, l'héritage de mes*
» *enfants, le lieu de repos pour mes vieux jours;* je
» m'impose des privations, j'amasse un petit pécule et
» le place sur une propriété qui ne m'expose pas aux
» chances d'un placement à intérêts ! ! ! Nul ne pourra
» dire : j'ai des heures ou des jours de repos, je les con-
» sacre à un travail utile qui me prépare une retraite,
» un avenir pour ma famille ! ! ! Moi aussi je possède
» une fraction du sol de la patrie, etc., etc. ! ! ! Je
» puis, en me conformant aux lois dont la garde m'est
» confiée, faire tout ce que les autres font. »

En formulant une pareille disposition contre tous les fonctionnaires placés en Algérie, on a été mu sans doute par une intention louable et qui prouve que le Gouvernement n'entend pas (*comme on essaie trop souvent de le persuader*) *protéger et encourager la fraude, la cupidité et le vol parmi ses agents ;* mais, en croyant apporter un remède *violent et énergique* contre des faits qui avaient sans doute éveillé leur juste sollicitude, les auteurs de cette disposition ont été emportés trop loin; ils n'ont pas assez réfléchi à ce que, pour couper court à un mal, qui les attristait si péniblement, ils en occasionnaient un bien grave pour l'Algérie, en la privant ainsi du concours de tous les fonctionnaires, pour aider et développer sa fécondation, et la culture de son sol.

Cette défense absolue d'acquérir, imposée à tous ces fonctionnaires, en les frappant d'un véritable ostracisme, était blessante et injurieuse pour eux ; elle faisait porter sur tous l'effet de fautes ou de crimes qui ne pouvaient être imputés qu'à quelques individus ; si l'autorité, en général, professait peu de bienveillance (à en croire ce qui a été souvent répété) pour la population civile, elle autorisait, jusqu'à un certain point, cette dernière à n'avoir pas plus d'estime pour les fonctionnaires, qui étaient jugés si sévèrement par le Gouvernement, que pour empêcher tous marchés honteux, tout trafic coupable, on leur interdissait d'acquérir.

A la vérité, on avait cru mettre un palliatif suffisant à l'effet de cette interdiction, en déclarant qu'à l'aide d'une autorisation *spéciale et préalable*, on serait relevé de cette incapacité.

Mais ce palliatif était loin d'équivaloir au mauvais effet d'une disposition aussi sévère ; il laissait subsister le doute offensant, injurieux, pesant sur les employés du Gouvernement, quel que fût leur position ; et très peu d'entre eux ont dû vouloir en profiter, pour être autorisés à acquérir, parce qu'il en coûte de réclamer de semblables permissions, qui mettent l'autorité supérieure à même de faire une véritable inquisition sur les moyens à l'aide desquels celui qui voudrait *devenir propriétaire*, s'est procuré les ressources nécessaires pour faire de pareilles opérations; d'ailleurs, il est des acquisitions qui ne peuvent subir le moindre retard, qu'il faut faire sur-le-champ ; pour satisfaire aux nécessités d'un vendeur, qui ne peut attendre deux ou trois mois, qu'une autorisation préalable soit expédiée du ministère de la guerre.

La conséquence de cette ordonnance, a dû être de porter les fonctionnaires à se considérer comme des *parias*, sur le sol algérien, à s'y moins intéresser, puisqu'il ne leur était pas permis d'y fonder d'établissement ; et par suite, l'Algérie a été privée de l'essor que ces mêmes fonctionnaires auraient pu donner à la colonisation, en créant des fermes, en y appelant des cultivateurs et des ouvriers de leur pays, en les aidant de leurs conseils, de leurs ressources, de leurs connaissances.

Trois ans se sont écoulés depuis cette ordonnance de 1844, elle a été grandement modifiée par celle du 1er juillet 1846, mais cet article 16 subsiste toujours !!!

Depuis quelques années, on a fait plus d'une *utile épuration* dans le personnel des divers agents employés en Afrique, en continuant une surveillance exacte *et toujours sévère* (1) sur ceux qui seraient tentés d'abuser de

---

(1) Si cette surveillance est nécessaire en Afrique, de la part de tous les grands fonctionnaires, sur leurs subordonnés, elle n'est pas moins indispensable en France ; car, en faisant la part de l'exagération et de la mauvaise foi, qui grossissent trop souvent le mal, il faut bien reconnaître que *la fureur du jeu, les besoins d'un luxe effréné et d'autres passions* mauvaises, ont entraîné plus d'un fonctionnaire dans les fautes les plus déplorables.

Avec un personnel administratif aussi considérable que celui qu'exige le pays, on conçoit qu'il est impossible de ne pas se tromper quelquefois, sur les choix qui ont lieu, quelque soin qu'on apporte à les faire (et il en doit nécessairement être ainsi, puisque le chef du plus mince établissement est

leur position ; ne serait-il pas convenable et juste de rapporter cet art. 16, et de replacer tous les fonction-

---

souvent attrappé par les employés qu'il s'adjoint, et sur lesquels il peut cependant exercer un contrôle direct et de tous les instants); aussi, il y a mauvaise foi à rendre le Gouvernement responsable des fautes ou des crimes de quelques-uns de ses agents, quelque puisse être leur position; parce que ces fautes, ces crimes, sont des actes isolés, dont la répression a lieu dès qu'ils sont connus; toutefois, dans cette répression, on ne saurait montrer trop de sévérité, et une funeste indulgence, quelqu'en pût être le motif, serait une cause de scandale.

Depuis quelques années, des faits graves ont été révélés..... la justice a fait son devoir, quand elle en a été saisie ; elle a rempli sa mission avec fermeté; mais, dans certains cas, elle a dû regretter que la pénalité à appliquer ne fût pas suffisante; en effet, *la privation des droits civiques et civils, une amende*, ne punissent pas d'une manière équitable certains crimes de *forfaiture* de *concussion;* les travaux forcés à temps et *l'exposition publique*, devraient bien être ajoutés à notre Code pénal, et on ferait bien, à ce sujet, de réviser les art. 5[illegible] et 57 de la loi du 28 avril 1832.

La terreur qu'inspirerait l'idée d'un pareil châtiment, arrêterait, sans doute, plus d'un fonctionnaire qui se sentirait tenté d'abuser de sa position, et ceux qui seraient près d'eux, les instigateurs de ces actes de forfaiture !!!

Pour tous les fonctionnaires ayant un traitement supérieur à 6,000 fr., j'admettrais volontiers que, pour tous les actes qui devraient donner lieu contre eux, à la privation des droits civils et civiques, on devrait y ajouter les travaux forcés, et surtout *l'exposition;* pour les fonctionnaires ayant moins de 6,000 fr., je n'ajouterais, aux dispositions de la loi, que la peine de l'exposition.

Quoi qu'on en puisse dire, et quelqu'abus qu'on ait pu faire d'un fait récent, qui a produit un bien douloureux éclat !!! ce n'est pas dans les hautes fonctions administratives où ce supplément de pénalité (s'il était admis) trouverait à avoir son application, parce que heureusement de pareils exemples sont rares, et fort rares..... mais on peut, et on doit reconnaître, qu'avant la Révolution, sous la République et l'Empire, et depuis, on a souvent dit et répété, qu'il y avait bien des abus chez certains employés secondaires de l'administration; on a souvent dit ou cru que plusieurs d'entre eux spécu-

naires de ce pays, sous le droit commun, afin que chacun d'eux puisse acquérir, bâtir à son gré, contribuer à

---

laient sur leur position, pour favoriser certaines fournitures, leur acceptation ou leur refus ; dans les fourrages, dans les travaux de toute nature et dans les dépenses concernant les établissements publics, on a souvent répété qu'il se glissait plus d'un acte de ce genre ; que bien des articles, payés par l'Etat, n'étaient pas fournis, qu'on pouvait presser ou retarder l'exécution d'un arrêté, d'un chemin, etc., etc On a souvent calommié... le fait est vrai!!! mais il est difficile de croire que souvent on n'ait pas dit la vérité, en proclamant que bon nombre d'employés trouvaient, dans ces moyens *de rendre des services,* des émoluments bien supérieurs aux traitements attachés à leur emploi, et *qu'ils faisaient utilement valoir leurs places.*

Pour bien des gens, ces actes ne sont pas plus blâmables que de passer des marchandises en fraude, s'exempter de payer des taxes dues, parce qu'ils font une énorme différence entre *tromper l'Etat et un particulier ; accélérer ou retarder certaines mesures, dont ils attendent profit ou perte.*

La loi cependant, trouve et devait trouver ces actes condamnables, on ne saurait les rechercher trop activement, ni les flétrir *assez* dès qu'ils sont connus ; car ils doivent se répéter fréquemment encore, bien que d'ordinaire ils échappent à l'action des tribunaux, parce que leurs auteurs s'entourent d'assez de précautions pour ne pas être démasqués.

Pour les agents, que cette réflexion peut atteindre, ils comptent bien plus sur ces moyens d'arriver à la fortune, que sur leurs traitements, qui ne sont pour eux que l'accessoire de leur position ; ils ressemblent en cela à certains architectes, qui prennent 5 pour cent sur les travaux qu'ils font exécuter pour un propriétaire, mais qui prélèvent souvent davantage sur les entrepreneurs chargés des travaux qu'ils ont mission de surveiller et recevoir..

Sans accueillir avec précipitation les faits de cette nature, quand il s'en révèle, on ne saurait s'en préoccuper avec trop de zèle, ni les punir avec trop de sévérité, quand la vérité serait connue.

Mais, on ne saurait se montrer trop sévère aussi, contre les inventeurs de ces imputations, quand elles seraient reconnues fausses; car, des allégations de cette espèce, en les progageant, n'atteignent pas seulement ceux qu'elles signalent comme manquant à leurs devoirs, et *exploitant leur position*, elles font planer des soupçons blessants et odieux sur tous les fontionnaires du

la colonisation suivant ses inspirations, ses ressources et sa volonté, sans être obligé à solliciter une autorisation *humiliante* près du ministre de la guerre !!!

Est-ce qu'une pareille mesure n'attacherait pas plus

---

même ordre, et nuisent d'autant plus à leur considération, que, par une malheureuse prédisposition d'esprit, bien des gens admettent très volontiers ce qui est mal, le répandent avec bonheur, et ne croient que difficilement à ce qui est noble et bien, d'autant mieux, que souvent ils envient aux titulaires, ces emplois qu'ils supposent si lucratifs, et qui cependant sont peu rétribués.

D'un autre côté, le luxe et les dépenses de certains fonctionnaires, auxquels on ne connaît aucune fortune personnelle, autre que leur traitement, leur suscitent aussi bien des haines, bien des basses jalousies, de la part de ceux qui, malgré leur bon vouloir, ne sont pas à même de les imiter ; ne pouvant s'expliquer comment ces fonctionnaires ou ces employés peuvent se procurer une existence aussi confortable que celle dont on les voit jouir, on interroge leur présent, on scrute leur passé et on leur prête des moyens blâmables et honteux, pour pourvoir aux besoins qu'ils s'imposent, quand souvent ils n'ont d'autre tort réel que de faire des dettes, et de manquer de prudence, parce que, pour briller quelques instants, ils escomptent leur avenir.

Eh ! mon Dieu, que de gens, dans ce cas, et qui ne sont pas fonctionnaires, qui, n'ayant pas à satisfaire à de prétendues exigeances de position, s'imaginent tromper la société au milieu de laquelle ils vivent, en étalant un luxe au-dessus de leurs ressources, et qui ne leur laisse, d'ordinaire, que d'inutiles et trop tardifs regrets !!!

Combien encore de petits fonctionnaires, d'employés de toute classe, ne sacrifient-ils pas à ces besoins de luxe !!! comme s'ils étaient un accessoire obligé de leur éducation, de leur rang, ou même pour satisfaire la vanité de jeunes femmes qui ne s'estiment heureuses, que parce qu'elles seront mieux parées que celles avec lesquelles elles se trouvent, *feront plus d'effet!!!*... Combien de ces jeunes femmes, aussi à plaindre qu'à blâmer, n'ont jamais songé que ce luxe qui les flatte tant, qui les éblouit un instant, leur attire des rivalités, des inimitiés personnelles, et expose leurs maris aux soupçons les plus humiliants, et les entraîne quelquefois dans les désordres les plus graves !!!

sérieusement ces fonctionnaires au pays dont l'administration leur est confiée ?

Est-ce qu'il ne suffirait pas de maintenir la nécessité d'une autorisation préalable, pour les cas où quelques-uns de ces fonctionnaires voudraient obtenir des concessions de terrain, parce qu'alors on pourrait, avec raison, craindre qu'ils ne veuillent abuser de leur position ?

L'examen d'une pareille question ne mériterait-il pas l'attention du Gouvernement ?

DEUXIÈME SECTION.

Sur la différence de position faite par l'ordonnance de 1844 aux acquéreurs de biens et aux créanciers des rentes.

Après la conquête de 1830, un grand nombre d'Arabes, persuadés que la domination de la France ne serait que passagère et de très courte durée, cédèrent pour des prix très médiocres (et d'ordinaire, convertis en rente), une foule de propriétés diverses, auxquelles ils attribuaient des contenances considérables, et quasi fabuleuses.

Pour rassurer leurs imprudents acquéreurs sur la foi qu'on devait accorder à leurs déclarations, sur l'étendue par eux assignée aux propriétés qu'ils vendaient, étendue qu'il eût été, sinon toujours *impossible, au moins toujours très imprudent* de vouloir vérifier, ils stipulaient, qu'en cas de différence entre la mesure vraie et celle déclarée, il y aurait lieu à 3, 4, 5 et 6 fr. de rente de réduction par paire de bœufs manquant (1).

Comme on traitait par des rentes annuelles, qui, eu égard à l'étendue attribuée aux biens acquis, paraissaient peu élevées, et malgré l'obligation de les payer d'avance, beaucoup de Français firent des acquisitions importantes, en se promettant, bien entendu, de vérifier dès que cela serait possible, l'exactitude des déclarations qu'ils avaient dû accepter en traitant.

Pendant plusieurs années, il leur fut impossible de songer à faire de semblables vérifications, et bien qu'ils ne fussent pas en possession de leurs acquisitions, ils n'en continuèrent pas moins le service des rentes stipulées contre eux.

---

(1) En Algérie, la paire de bœufs est une mesure agraire, connue aussi sous le nom de *zouidja*.

Il a été assez longtemps difficile de se fixer sur la contenance de terre à assigner *en hectares français*, à une zouidja ou paire de bœufs, parce qu'en Algérie (comme cela a eu lieu pendant tant de siècles en France), les mesures ne sont pas les mêmes.

Ainsi, d'après MM. Berbruger et Crettey (qui appartiennent aux membres de la Commission scientifique de l'Algérie), dans les plaines de la Mitidja, une paire de bœufs correspondrait à une contenance de 11 hectares ; dans le Sahel d'Alger, cette contenance équivaudrait à 7 hectares, et à 5 hectares dans l'Atlas.

Une pareille différence est énorme, et prouve que si dans le département de la Seine-Inférieure il y avait des acres de 56 ares 75 centiares, d'autres de 68 ares, et d'autres de 81 ares, d'après la mesure *d'Arques*, ce disparate, vraiment choquant, n'était pas un inconvénient propre à la Normandie seulement, mais qu'il *existe* encore ailleurs.

Mais, de 1840 à 1843, on avait pu déjà vérifier avec quelle mauvaise foi les Arabes avaient agi, et s'assurer que les contenances si énormes, si on consultait les titres, se traduisaient par des étendues souvent insignifiantes et n'ayant pas toujours le sixième de celles promises; des plaintes s'élevèrent de toutes parts, elles furent entendues; et ce fut pour y faire droit en partie, que parut l'ordonnance de 1844, qui, à cet égard, *fut un acte de haute et de stricte équité;* car, s'il fallait protéger les Arabes, il fallait aussi protéger nos nationaux et ne pas les laisser victimes de véritables vols, qu'auraient enviés tous les *Robert-Macaire passés et présents.*

En effet, outre que les Arabes avaient vendu un assez bon nombre de propriétés *imaginaires,* il en était un grand nombre encore, de celles qui existaient, qui avaient souvent 7 huitièmes en moins des contenances promises. J'ai vu plusieurs propriétés à Blidah, offrant des différences plus considérables encore; ainsi, j'en ai vu une contenant 60 *ares,* et qui avait été vendue pour 32 *hectares,* une autre qui, vendue comme contenant 13 hectares 72 ares, ne contenait qu'un hectare 66 ares, et ainsi de beaucoup d'autres, dont j'ai parlé dans un Rapport imprimé au mois d'août dernier, et distribué aux membres de la Compagnie Rouennaise.

L'ordonnance de 1844 eut pour effet de relever les acquéreurs de ces biens de toute déchéance, fondée sur ce que, d'après le code Civil français, ils n'auraient pas agi dans le délai utile pour se plaindre de ces énormes différences, et elle décida : 1° que lorsque ces différences excéderaient un tiers, il y aurait lieu à une diminution du prix ou des rentes stipulées, sous la seule condition d'agir dans l'année de sa promulgation ; 2° que les acquéreurs pourraient exiger la remise des anciens titres, et que, *pendant les instances relatives à la remise de ces titres, ils pourraient suspendre le paiement de leur prix, sauf dommages, s'il y avait lieu.*

Cette ordonnance de 1844 et celle du 1er juillet 1846, qui vint la modifier dans beaucoup de ses dispositions, laissèrent toutes les propriétés incertaines aux mains de ceux qui les avaient acquises, car, *la validité* de leurs acquisitions fut soumise à l'appréciation de la direction du contentieux, qui eut aussi mission, et d'examiner les titres, et d'opérer la délimitation de tous ces biens.

La conséquence de ces ordonnances fut de faire une position toute différente et vraiment fâcheuse aux acquéreurs de biens et à leurs vendeurs, ou plutôt à leurs cessionnaires, car, il est bon qu'on sache que la plupart de tous les Arabes ont cédé à des tiers, *à de véritables marchands dans ce genre,* leurs rentes, et souvent par des prix inférieurs aux seuls arrérages, qu'ils déclaraient être dus au moment de ces cessions.

Je vais de suite expliquer et justifier cette proposition :

Par suite de ces ordonnances, les acquéreurs de biens n'ont qu'une propriété *équivoque,* incertaine, subordonnée à l'appréciation que l'administration doit faire de leurs contrats.

Pour les acquéreurs des rentes, au contraire, il leur suffit, pour en exiger le service exact, de satisfaire à l'art. 8 de l'ordonnance de 1844, *et de déposer des actes* qu'il ne manque jamais de qualifier de *titres bien en règle et magnifiques*.

Mais les acquéreurs qui les reçoivent, *quand cela a lieu*, n'ont ni qualité, ni capacité pour apprécier le mérite de ces mêmes actes, l'administration seule a puissance, à cet égard ; or, on ne peut exiger que l'administration procède à leur vérification, à l'instant même de leur remise, et s'occupe de la reconnaissance et de la délimitation des biens qu'ils concernent; et parce que toutes les opérations de même nature ne peuvent se faire simultanément, et parce que le personnel de l'administration peut être (ou au moins m'a paru) insuffisant, pour procéder, *quel que soit son zèle*, avec toute la célérité qu'on peut désirer, à des opérations si nombreuses, et si difficiles.

Cependant, pour les tribunaux civils, dès que le créancier d'une rente justifie qu'il a remis les titres de propriété, ils condamnent à en continuer les arrérages; sans se préoccuper de ce fait, que la remise de ces actes peut être insignifiante, si l'administration n'en prononce pas la validité (1).

C'est inutilement qu'on allègue que la remise de ces titres ne prouve rien, qu'on n'est pas en possession des biens auxquels on les dit se rapporter, *que ces biens, si on en connaît la situation, n'ont pas la contenance pro-*

(1) Je me suis déjà expliqué sur ce sujet, aux pages 31 et 32, d'un Mémoire judiciaire, publié à Alger, en mai 1847.

mise ; pour les tribunaux, il y a titre, il doit recevoir son exécution en faveur du créancier contre l'acquéreur!!! on ne se préoccupe pas le moins du monde, de ce que ces acquéreurs pourront ne rien avoir, que l'administration pourra les déposséder ! il faut qu'ils paient (1) !

Un pareil inconvénient est très grave. Sans doute le pouvoir judiciaire et le pouvoir administratif sont et doivent être bien distincts ; mais, dans l'espèce, il me semble que tant que l'administration n'a pas statué sur la validité des titres de propriété, les tribunaux ne devraient pas condamner au service des rentes, surtout lorsque devant eux les acquéreurs prétendent, ou n'être pas en possession, ou n'avoir pas les contenances qui leur ont été promises, et réclament des expertises préalables pour justifier et prouver les fraudes qu'ils signalent.

Dans ces cas cependant, les tribunaux, tout en ordonnant une expertise, décident que le service des rentes n'en sera pas moins continué, *parce que, par cela seul qu'on les a payées pendant plusieurs années, on est réputé être en possession des biens auxquels elles s'appliquent.*

Plus d'une condamnation semblable a été prononcée, et il est parfois arrivé qu'on a payé des rentes *pour des biens qui n'existaient pas, parce que les experts ont constaté qu'ils en avaient inutilement fait la recherche.*

Mais la plupart dès acquéreurs de rentes, qui, presque

(1) Dans le Mémoire judiciaire dont je viens de parler, j'avais cru, *mais à tort, pouvoir soutenir le contraire.*

toujours, savent bien ce qu'ils auront à redouter d'une expertise, appellent des décisions qui les ont ordonnées, *et ne poursuivent* l'exécution des jugements rendus que sur le chef qui prescrit le paiement des rentes, *chef qui est exécutoire par provision, vu le titre;* il s'ensuit que les acquéreurs sont obligés de poursuivre, devant la Cour royale, la confirmation des jugements, aux chefs, qui ont prescrit l'expertise, expertises qui se trouvent ainsi retardées, *mesures coûteuses,* qui cependant restent sans influence sur le sort des actes de propriété, et la décision que l'administration pourra rendre lorsqu'elle en appréciera la validité ! ! !

Ainsi, pendant toutes ces procédures, les acquéreurs restent avec leurs craintes de se voir plus tard évincés de biens qui leur occasionnent tant de tribulations et d'inquiétudes, et la perspective, après avoir payé longtemps, de se trouver dépouillés entièrement, parce que leurs titres ne seront pas reconnus valables ! ! !

A la vérité, l'art. 18 de l'ordonnance du 21 juillet 1846, leur assure une fiche de consolation, c'est que si leurs titres sont annulés, l'Etat pourra leur faire une concession d'autres terrains !

Une pareille situation est déplorable, contraire à toute équité.

En rendant la propriété incertaine, dans les mains des acquéreurs, on ne devrait pas laisser plus de force à la valeur des rentes, aux mains de ceux qui en sont possesseurs, tous devraient être atteints et traités de la même manière.

Puisque l'Algérie est gouvernée par ordonnance, ne pourrait-on pas, par une autre ordonnance additionnelle à celles de 1844 et 1846, dire : 1° que malgré la remise des anciens titres de propriété, les créanciers de rentes ne pourront en exiger le paiement, jusqu'à ce que le contentieux ait statué sur leur validité, *et lorsqu'il y aura* instance introduite dans les délais fixés par l'ordonnance de 1844, en reconnaissance, délimitation et expertise de propriété, et réduction ; et jusqu'à ce qu'il ait été statué sur ces instances, sauf dommages-intérêts s'il y a lieu?

2° Que pour donner sécurité aux créanciers de ces rentes, les débiteurs *refusant et plaidant,* devront, en consigner les arrérages au fur et à mesure de leurs échéances, aux mains du proposé aux finances, pour y rester jusqu'à ce qu'il ait été statué, et par le contentieux, et par les tribunaux saisis des contestations en délimitation et réduction ?

Une pareille mesure sauvegarderait tous les intérêts, ce qui n'est pas.

En effet, la plupart des rentes sont la propriété d'invidus qui les ont eues à vil prix et en ont fait le commerce en Afrique, comme ailleurs, on joue sur les fonds publics ou sur les chemins de fer.

Bon nombre de ces acquéreurs de rentes ne présentent aucune solvabilité, malgré leurs fortunes apparentes ; beaucoup d'entre eux sont séparés de biens, et abritent leurs prétendues richesses sous le nom de leurs femmes, auxquelles, chez eux, tout est réputé appartenir, bien qu'ils aient, en leur nom direct et personnel, fait quelques opérations sur ces rentes.

Or, après en avoir été payés exactement pendant bien des années, ils peuvent être condamnés à des restitutions considérables (par suite de réduction à faire subir à leurs rentes), à des frais énormes d'expertise, contre-expertise, etc., et rester maîtres de se libérer ou de ne pas le faire, parce qu'ils n'ont aucunes ressources personnelles *saisissables*, lorsqu'il leur convient de se retrancher sous la sauvegarde de leurs femmes, qui viennent invoquer le bénéfice de leur séparation de biens.

En y regardant de près, on trouverait, en Algérie, bien des cas où l'inconvénient que je signale se présentera, et ce serait justice qu'acquéreurs *de biens ou de rentes*, fussent traités de la même manière, que les titres des uns n'eussent pas plus de valeur que ceux des autres.

TROISIÈME SECTION.

Rapport de l'article 113 de l'ordonnance de 1844.

L'ordonnance de 1844 n'est applicable, d'après l'art. 113, qu'aux portions de l'Algérie qui se trouvent comprises dans le ressort des tribunaux civils de première instance, d'où la conséquence que tous les acquéreurs de biens, situés au-delà de ces ressorts, ne peuvent invoquer que les règles du Code civil français, en matière de lésion ou rescision.

Evidemment, cette dispostion limitative de l'art. 113, est regrettable, elle n'est pas juste; en effet, l'ordonnance de 1844, a eu en vue de punir de véritables vols, de subvenir à des acquéreurs de biens, qui, de 1830 à 1843, n'avaient pas eu la possibilité de visiter leurs propriétés, de les découvrir, parce qu'il y eût eu imprudence à tenter à cet effet des démarches dans les plaines d'Afrique; aussi, l'ordonnance de 1844, a introduit un droit spécial et nouveau, en faveur de ces acquéreurs; à cette époque, des tribunaux de première instance étaient déjà institués dans quelques villes; ces institutions avaient *eu lieu*, là où la sécurité s'étant plus promptement établie, un plus grand nombre de Français avaient pu venir s'établir, et se convaincre ainsi des fraudes commises à leur préjudice; c'est à raison de leurs justes plaintes et pour y faire droit, que cette ordonnance de 1844 a été rendue.

Mais ce n'est pas seulement dans le territoire du *ressort actuel* des tribunaux civils, que les Arabes ont vendu des propriétés, cela à eu lieu dans beaucoup d'autres parties de l'Afrique et avec la même mauvaise foi, car plus ces propriétés étaient éloignées des grandes villes, plus il était facile de tromper les acquéreurs, qui n'avaient et n'ont eu, pendant longtemps, aucun moyen de se renseigner.

Cependant, ces acquéreurs ne peuvent invoquer l'ordonnance de 1844, par cela seul que leurs biens n'étant pas dans le ressort des tribunaux civils, elle ne leur est pas applicable, d'après la disposition de l'art. 113.

Une pareille disposition est évidemment injuste, parce

qu'elle est restrictive, elle eût dû s'appliquer à tous les acquéreurs de biens, sans distinction, sous la seule condition pour eux, d'agir dans les délais fixés par le titre premier de cette ordonnance, et de saisir de leurs réclamations les diverses autorités, instituées pour en connaître, au défaut de tribunaux civils.

Ne serait-il pas juste et équitable de déclarer, par ordonnance nouvelle, que l'art 113 est rapporté, et que le bénéfice de l'ordonnance de 1844 profitera à tous les acquéreurs de biens arabes, sans exception, sous la seule condition d'agir dans les délais qu'elle a fixés, et dont on appellerait à en profiter, ceux qui d'abord en ont été privés ?

QUATRIÈME SECTION.

Modifications de procédure.

L'ordonnance du 16 avril 1843, a rendu notre Code de procédure obligatoire pour l'Algérie, sauf certaines modifiations.

L'art. 3 porte, qu'aucune citation ne pourra être délivrée qu'à la personne, ou au domicile réel ou d'élection, ou à la résidence de la personne citée ; que toute citation délivrée au domicile d'un mandataire sera nulle, s'il n'est porteur d'un pouvoir spécial de répondre à la demande. Cet article, tout exceptionnel qu'il est, et qui permet d'assigner à un domicile élu, ou chez un mandataire, serait sans danger, s'il était bien entendu pour tout le monde, que l'habitant de la France, ainsi assigné, aurait droit aux délais de distance, tels qu'ils ont été fixés par les art. 3 et 8 de cette ordonnance.

Mais il n'en est pas ainsi : bien des personnes soutiennent qu'un individu ainsi assigné, ayant un domicile élu ou chez un mandataire, n'a pas droit aux délais de distance ; qu'on y a renoncé en élisant un domicile ou en constituant un mandataire, et qu'en Algérie d'ailleurs, les affaires ne peuvent subir de pareilles lenteurs.

Cette opinion, qui est partagée par des magistrats de l'Algérie, offre les conséquences les plus fâcheuses, et expose ceux qui ont maintenant des intérêts engagés dans ce pays à bien des chagrins, à bien des vexations, et les laissent victimes de l'incapacité, de la négligence ou de la mauvaise foi des représentants qu'ils ont pris, et surtout de la déloyauté de ceux avec lesquels ils ont des intérêts à débattre.

Quelque faveur que l'on doive aux individus déjà établis en Algérie, et sans s'occuper de leurs précédents, il serait juste, cependant, d'accorder aussi une protection efficace à ceux qui veulent ou acquérir, ou faire des entreprises quelconques en Afrique, afin que leur éloignement ne les rende pas les dupes de tous ceux avec lesquels ils auront des conventions à faire.

Dans les contrats d'acquisitions, par exemple, les parties font, d'ordinaire, élection de domicile chez le notaire qui les reçoit; plus tard, elles prennent des mandataires pour faire valoir leurs biens et les représenter; mais, dans ces cas, ils n'entrent pas dans la pensée de ceux qui élisent ces domiciles ou choisissent des mandataires, qu'on pourra les y assigner, et obtenir à l'expiration de huit jours, des condamnations contre eux, sans leur laisser les délais fixés par l'art. 8 de l'ordonnance.

Cependant, un grand nombre de condamnations ont ainsi été prononcées, sans que ceux qu'elles intéressaient aient pu même être avertis des réclamations qui leur étaient faites.

Ainsi, on délivre à ces domiciles élus, des commandements en expropriation, et à l'expiration du délai de trente jours, on pratique des saisies immobilières, de sorte que la saisie peut être pratiquée et transcrite avant que les propriétaires saisis aient reçu le moindre avis, surtout si le notaire ou le mandataire qui a reçu le commandement est un négligent ; ce qui n'aurait pas lieu, à moins d'un concert coupable entre les mandataires ou notaires, et les créanciers prétendus, si les débiteurs avaient droit aux délais de distance déterminés par l'ordonnance de 1843.

A cette objection, on répond que ceux qui seraient fondés à se plaindre de l'inconvénient que je signale, doivent s'imputer la faute d'avoir choisi un notaire négligent ou un mandataire de mauvaise foi ; cette objection n'est pas raisonnable, car, en Algérie surtout, on ne connaît pas d'ordinaire, au moins, les notaires auxquels on s'adresse, et on n'a recours à eux, que parce qu'ils sont investis par la loi du soin d'authentiquer les conventions dont ils sont les rédacteurs; et à raison de leurs fonctions, on est tout naturellement disposé à élire domicile chez eux.

Quant au choix des mandataires, il est bien évident qu'on en doit souvent prendre au hasard, pourvu qu'on leur suppose quelque habitude d'affaires; mais enfin, tous n'ont pas des précédents tels ; s'ils étaient plus connus, qu'ils dussent inspirer une grande confiance; il en est qui sont capables, mais négligents, et leur réputation de capacité leur vaut quelquefois une confiance dont leur négligence ne les rend pas toujours dignes ; enfin, il peut s'en trouver qui trahissent les intérêts de leurs mandants.

L'addition des délais de distances à ceux ordinaires d'assignation ou de commandements, ne détruirait pas en entier les inconvénients résultant de la négligence ou de l'incapacité ; mais elle les diminuerait d'une manière notable ; parce qu'en cas d'oubli, pendant huit ou quinze jours, à prévenir un individ u, en France, de la demande qui lui est faite, cet oubli pourrait devenir sans danger, dès que l'avis parviendrait assez à temps pour ne pas laisser expirer et les délais spéciaux aux actes, et ceux à raison des distances.

L'Algérie se développe et paraît destinée à acquérir une importance réelle, mais elle ne pourra l'obtenir que par le concours des capitalistes ou des propriétaires français qui voudront y fonder des entreprises agricoles ou industrielles. Ces entreprises les obligeront à faire choix de mandataires, de notaires, car tous n'iront pas de leur personne s'établir à toujours, et d'une manière fixe à leurs exploitations, qui pourront donner lieu à des débats devant les tribunaux civils ordinaires.

Mais, bon nombre de ces capitalistes ou propriétaires, obligés de choisir des mandataires, hésiteront à rien entreprendre, dans la crainte de difficultés judiciaires, à l'occasion desquelles ils pourraient se trouver condamnés *et saisis* dans leurs propriétés algériennes, sans avoir été mis en mesure de se défendre ; beaucoup ne voudront pas s'exposer à de semblables tracasseries, auxquelles le choix presque forcé d'un mandataire les obligerait.

Ceci étant, et à raison de l'interprétation différente donnée aux art. 3, 6 et 8 de l'ordonnance de 1843, ne serait-il pas convenable de déclarer, par ordonnance, de manière à faire cesser toute incertitude, que tous les individus assignés devant les tribunaux civils, en paiement d'une somme ou pour une réclamation quelconque, soit au domicile élu chez un notaire, soit chez un mandataire ayant pouvoir à cet effet, auront, outre les délais ordinaires d'ajournement, droit aux délais fixés par les art. 6 et 8, et qu'il en sera de même lors du commandement en expropriation ?

Si une pareille mesure était adoptée, on ferait bien de rapporter aussi l'art. 46 de cette ordonnance de 1843, qui laissait en vigueur les dispositions de l'art. 69 de l'ordonnance du 26 septembre 1842, d'après laquelle les tribunaux sont maîtres de prononcer ou de ne pas admettre *les nullités* qui leur sont signalées dans certains actes judiciaires.

Une pareille disposition pouvait être bonne, il y a quelques années, avec des officiers ministériels improvisés, et un peu choisis au hasard; maintenant elle ne paraît plus raisonnable, la loi prescrivant des formes, ces formes étant obligatoires (et nos lois étant en vigueur en Algérie), devraient y être exécutées rigoureusement; dès-lors, les nullités devraient cesser d'y être facultatives, car, on peut arriver ainsi à de l'arbitraire, puisqu'un juge peut déclarer bon ce qu'un autre trouvera mauvais!... la *loi*, toujours la *loi*, c'est là le meilleur niveau pour tous, la meilleur sauvegarde des intérêts généraux !!! Et une loi qui permet de déclarer un acte *bon* ou *mauvais*, suivant l'impression personnelle du juge, me paraît dangereuse !!!

CINQUIÈME SECTION.

Sur les défenseurs et la magistrature.

En Algérie, il n'existe pas d'avocats pour plaider les affaires, et d'avoués pour préparer et suivre les procédures, ce double soin est rempli par des défenseurs dont le nombre ne paraît pas proportionné avec celui des procès, dont ils sont obligés de s'occuper.

Pendant assez longtemps, ces défenseurs postulaient devant : 1° le tribunal civil, qui est composé de trois sections (et en réclame une quatrième) ; 2° la Cour royale, qui a deux sections, mais sera probablement portée à trois ; 3° le tribunal de commerce, qui est composé de quatre sections, et 4° devant le conseil du contentieux.

Quel que fût le bon vouloir et la capacité de ces défenseurs, il ne leur était pas possible de supporter une aussi lourde tâche, d'une manière vraiment utile pour les justiciables, connaître, étudier, et plaider devant quatre juridictions différentes, le tout dans la même journée.

Déjà une utile amélioration a été introduite par les soins de M. le procureur-général d'Alger, et avec le concours même des défenseurs, on en a attaché un certain nombre au tribunal de commerce, avec droit de postuler devant la Cour, et neuf au tribunal civil, avec droit aussi de plaider devant la Cour royale.

Cette amélioration a été une excellente mesure, qu'il conviendrait de compléter en attachant des défenseurs distincts près de la Cour, du tribunal civil, du tribunal de commerce, avec droit collectif de plaider devant la juridiction du contentieux, juridiction qui n'èst que passagère, et s'éteindra lorsque la reconnaissance et la délimitation des propriétés de l'Algérie aura été effectuée.

Il ne s'agirait pas là de faire une dangereuse innovation, de porter atteinte à des droits acquis, car les défenseurs actuels n'ont pas traité de leurs offices, ils les tiennent du Gouvernement, qui est libre de les révoquer à son gré, ou d'en augmenter le nombre, s'il le juge convenable; et si le nombre actuel n'en paraît pas suffisant.

Ces défenseurs ont une mission d'autant plus lourde à remplir, qu'il leur faut étudier les ordonnances spéciales à l'Algérie, les faire concorder avec notre Code civil et nos lois de procédure, qui y subissent d'assez nombreuses modifications.

Ils ont à remplir leurs fonctions au milieu d'une société, nouvelle pour eux, dont ils ne connaissent ni le langage, ni les habitudes, ni les lois sépciales ; il leur faut réclamer des droits dérivant d'actes souvent inintelligibles, même pour les personnes les plus versées aux affaires, et surchargés par un nombre énorme de procès, il leur est *matériellement* impossible de donner, à chacun, les soins nécessaires ; de là, il s'ensuit qu'une foule de procédures paraissant déraisonnables, sont suivies de décisions qui semblent choquantes, mais qui sont dues à ce que les défenseurs, n'ayant pas le loisir nécessaire pour surveiller par eux-mêmes chaque procédure, l'examiner avec attention, l'instruction se fait mal, et les décisions s'en ressentent nécessairement ; car les magistrats ne peuvent deviner les moyens de défense qui ne leur sont pas présentés, et qu'un examen possible et plus attentif du dossier eût fourni aux avocats défenseurs.

J'ai eu l'occasion d'examiner quelques-unes de ces procédures, et pour rendre plus appréciable le laisser-aller avec lequel elles se font, je crois utile d'en citer ici un seul exemple :

En 1834, 15 à 16 Arabes avaient vendu aux quatre personnes qui maintenant sont représentées par la Compagnie Rouennaise, deux propriétés distinctes, et chacune moyennant une rente de 720 fr.

Postérieurement, et s'il faut s'en rapporter aux énonciations d'un acte reçu par un notaire d'Alger, l'Etat aurait séquestré sur 14 Arabes, vendeurs ou représentants des vendeurs originaires, chacune de ces rentes, l'une pour 211 fr. 08 cent., et l'autre pour 293 fr. 28 cent.

Sur une assignation donnée à domicile élu, par plusieurs de ces Arabes, un jugement du 20 avril 1844, condamna la Compagnie Rouennaise à payer les arrérages qui alors étaient réclamés, bien que la part revenant à chacun fût inconnue.

En 1845, le mandataire de la compagnie paya à 55 Arabes, qui se prétendaient créanciers pour diverses fractions, 1,734 fr. 12 cent., pour raison des arrérages de ces rentes; dans la quittance, le notaire essaya d'établir les droits de chacun, *mais il n'y put parvenir*, ce qui n'arrêta pas le paiement, parce que ces Arabes garantirent solidairement la valadité du paiement, et s'obligèrent, sous la même solidarité, à rapporter, sous trois mois, la radiation de deux inscriptions prises en vertu du jugement obtenu en leur nom.

Il est assez curieux, sans doute, de voir un notaire faire un pareil paiement, quant lui-même *constate* qu'il a vainement essayé de reconnaître les droits et la quotité des droits de chaque partie qui touchait.

Mais, ce qui est plus étrange encore, c'est qu'en 1846, le 8 avril, *un de ces Arabes*, se disant agir pour son compte, et *celui d'une de ses tantes, qu'il ne nomme pas*, assigna en paiement de 240 fr., pour raison de la part qu'il *disait* lui appartenir dans ces deux rentes.

Deux jours après (le 10 avril), ce même Arabe se disant agir pour lui, son père, sa tante, et 7 à 8 autres individus, fait assigner *le mandataire* de la compagnie, en paiement de 128 fr. 34 cent., pour leur part dans cette même rente.

Une pareille procédure était absurde, parce que : 1° depuis 1844, les 50 ou 60 individus qui se disaient représenter les vendeurs originaires, n'avaient rien fait pour faire connaître et justifier leurs droits ; 2° parce qu'en 1845, la quittance établissait que le notaire n'avait pu y parvenir, ce qui valait d'avertissement à ces individus, de se mettre en mesure de justifier leur position et celle du domaine, qui probablement n'était pas mieux renseigné pour le séquestre qu'il avait établi sur deux fractions de ces deux rentes, ce qui méritait bien qu'on sortît d'un *pareil imbroglio;* 3° parce que, le 8 avril, un Arabe agissait pour lui *et une tante qu'il ne nommait pas* (et en Algérie, pas plus qu'en France, on ne plaide pas *par procureur*), pour réclamer une fraction de rente, sans justifier d'un partage ; 4° parce que, le 10 avril, ce même Arabe *se disait agir pour lui et pour plusieurs autres,* dont il n'établissait pas les droits d'avantage, faisait assigner en paiement d'une autre fraction de rente, *non pas les débiteurs prétendus, mais leur mandataire.*

Une pareille procédure n'est pas imaginaire : toute déplorable qu'elle est, elle se faisait en 1846, et elle eût sans doute été accueillie et suivie d'une décision favorable, sans le hasard qui mit un des membres de la Compagnie Rouennaise, à même de signaler le ridicule de pareilles actions aux magistrats, qui en firent, bien entendu, *bonne et prompte justice.*

Voilà près d'un an que cette décision est rendue, et

la Compagnie Rouennaise en est encore à savoir à qui et dans quelle proportion elle doit; et cependant, en 1844, elle avait été condamnée à payer! mais alors on n'avait sans doute rien dit pour elle, et le tribunal avait dû accueillir une réclamation qui n'était pas contestée.

Ainsi, voilà des huissiers qui délivrent des assignations pour des *individus* qui se disent agir tant pour eux, que *pour plusieurs autres*, puis *qui assignent*, non pas le débiteur, mais *son mandataire*, et tout cela, sans aucune difficulté, et dans un pays où nos lois sont obligatoires.

Cela ne tient pas, sans doute, à l'ignorance des huissiers (car, s'il en était ainsi, leur nomination serait bien regrettable, et on pourrait bien faire en les révoquant); mais à ce que trop surchargés, ils sont obligés de laisser préparer leurs actes par des jeunes gens, qui n'ont aucunes notions des règles de la procédure.

A cet exemple, je pourrais en ajouter plusieurs autres, qui se trouvent consignés dans des Mémoires publiés à Alger, dans l'intérêt de la Compagnie Rouennaise, et aussi singuliers au moins, pour ne pas dire plus, que celui qui précède; ainsi, je pourrais parler de cessionnaires agissants sans avoir signifié leurs prétendus transports; d'un huissier pratiquant une saisie immobilière sur une propriété située dans le ressort du tribunal d'Alger, bien que le pouvoir dont il était porteur ne lui donnât que le droit de saisir un immeuble situé en dehors de cette juridiction, et bien que le créancier n'eût aucun droit hypothécaire sur l'immeuble que l'huissier saisissait ainsi, et sans aucun *mandat* spécial, comme le veut l'art. 556 du Code de procédure ; mais ces citations seraient sans intérêt pour mes lecteurs.

Lorsque des faits de cette nature sont signalés aux tribunaux, ils ne manquent pas d'en faire bonne justice ; mais pour les relever utilement, il faut une attention soutenue, pour commenter les actes, comparer les noms et vérifier le bien ou mal fondé de ces prétentions diverses ; il faut un travail considérable pour chaque affaire, et dans l'état présent, les défenseurs ne sont pas assez nombreux pour pouvoir se livrer à de semblables investigations ; de sorte que ce défaut matériel de temps doit souvent être préjudiciable aux citoyens qui leur confient leur défense, et lorsque ces plaideurs n'habitent pas l'Afrique, pour surveiller les affaires qui les concernent, renseigner leurs conseils, les fatiguer souvent de détails inutiles (comme cela se pratique en France), et sont obligés de se faire représenter par des agents qui, assez fréquemment les négligent ; on conçoit tout ce qu'un tel état de choses offre d'inconvénients.

On doit espérer qu'une pareille situation ne sera pas de longue durée, car les membres des tribunaux et des parquets de l'Algérie, s'en sont émus, et le procureur-général surtout, s'occupe activement d'y remédier ; chaque jour, il exerce une surveillance plus sévère sur la direction générale des procédures, et les officiers ministériels.

M. le Ministre de la justice lui-même s'en préoccupe, ainsi que de tout ce qui concerne la justice et ses auxiliaires; une commission récemment formée par ses ordres, et sous la présidence d'un ancien procureur-général à Alger, permet de s'attendre à d'utiles modifications, surtout si on les combine avec les consciencieuses observations qui ne manqueront pas d'être fournies par la haute magistrature algérienne, qui, mieux que personne, connaît les besoins actuels du pays où s'exerce son autorité.

Avant de terminer sur ce sujet, je hasarderai cependant encore une réflexion :

La magistrature, en Algérie, n'est pas inamovible comme en France. Lors de l'institution des tribunaux, et à raison du provisoire dans lequel on était encore, on comprend qu'on se soit borné à ne nommer que des magistrats révocables à volonté, la situation dans laquelle était l'Algérie au moment des premières nominations expliquait et justifiait cette mesure.

Maintenant cependant, ne serait-il pas convenable de conférer l'*inamovibilité aux magistrats* de ce pays, sauf avant de prendre un parti aussi grave, à prendre les précautions convenables pour qu'il ne pût être dangereux ?

L'Afrique est si voisine de la France, à *quarante heures !!!* que, sans lui donner toute nos institutions, ce devrait être un grand bienfait pour ce pays, d'avoir une organisation judiciaire forte et indépendante !... commandant, à raison même de son inamovibilité, plus de confiance et de respect aux justiciables ?

Avec des magistrats *révocables* et réduits ainsi à la position de simples employés, rendant la justice, bien des individus sont portés à croire que l'administration doit réussir dans toutes ses prétentions contre les particuliers, parce que la crainte d'une révocation peut influer sur la décision que les magistrats ont à rendre, il s'ensuit, chez quelques individus, un sentiment de défiance *immérité*, non justifié sans doute, *mais fâcheux*.

Cette question d'inamovibilité mérite l'attention la plus sérieuse de la part du Gouvernement ; mais à mes yeux, ce serait faire un grand pas pour l'avenir de ce pays, que de lui constituer une magistrature forte, à l'abri d'influence, en dehors de tous les amours-propres, de toutes les ambitions qui peuvent se heurter, se produire et disparaître dans ce pays. L'administration civile peut y changer, mais la justice doit y être immuable, et pour qu'elle soit sûre et véritablement respectée, il faudrait que ses organes fussent à l'abri d'une révocation que peut provoquer le mauvais vouloir d'un fonctionnaire d'un autre ordre (1).

---

(1) On a dit récemment, dans quelques journaux, qu'il était question d'accréditer des avocats près les tribunaux de l'Algérie, et que ces avocats plaideraient pour les justiciables, concurremment avec les défenseurs actuels ; ces *on dit*, s'ils se confirment, prouveraient, comme je l'ai dit, qu'au ministère de la justice on se préoccupe activement de tout ce qui tient à la justice en Afrique ; mais avant de faire aucune nomination, on ferait bien de s'assurer que les aspirants à ces nouveaux emplois connaîtront bien les règles de la procédure; car, si la science du droit leur est indispensable, celle de la procédure ne l'est pas moins, pour bien diriger les actions et en saisir les tribunaux, et d'ordinaire cette connaissance manque aux jeunes gens, qui ont obtenu le titre d'avocat, sans avoir travaillé chez les avoués ; cette proposition pourra sembler bien *prétentieuse* à certaines personnes qui considèrent la procédure comme une inutilité; j'espère, plus tard, *et dans un travail dont je m'occupe depuis assez longtemps*, leur en démontrer la vérité.

SIXIÈME SECTION.

Sur l'art. 17 de l'ordonnance du 21 juillet 1846.

Cet article dispose que, lorsqu'une propriété serait, au moment de sa délimitation, revendiquée par plusieurs propriétaires, le conseil du contentieux (et maintenant l'administration qui le remplace) devrait surseoir à statuer, jusqu'à ce que les tribunaux civils eussent prononcé sur la question de propriété.

Si la magistrature eût été inamovible en Algérie, on aurait compris (avec les idées reçues en France) que les citoyens trouvaient plus de sécurité pour leurs droits, à ce que de pareilles discussions fussent jugées par les magistrats civils; mais ceux-ci, étant révocables, comme les conseillers du contentieux, on ne saisit pas bien pourquoi on n'a pas laissé à ces derniers le soin de tout trancher.

Lors de l'accession des lieux, pour la reçonnaissance et la délimitation des propriétés, *les membres du contentieux,* ayant en présence les divers prétendants à un même immeuble ; pouvant consulter leurs titres, leurs énonciations, leur date, en faire l'application sur les localités mêmes ; se faire éclairer par les Arabes qui leur servent d'escorte et sont appelés à les renseigner sur les noms des anciens possesseurs, sur les véritables limites de chaque immeuble, *sont bien mieux* à même de prononcer que les membres des tribunaux civils qui ne possèdent aucun de ces éléments de décision.

Avec le renvoi devant les tribunaux civils, il faut que les intéressés provoquent des enquêtes ruineuses, qui, pour avoir quelque valeur, quelque signification, ne peuvent se faire que sur place et en présence d'un magistrat ; l'enquête ne peut se faire qu'en faisant entendre des Arabes, ce qui nécessite l'emploi d'interprètes pour traduire ce qu'ils déclarent ; il faut faire combiner ces déclarations avec les renseignements que les lieux fournissent, tout cela est énormément coûteux, retarde d'une manière fâcheuse la solution des questions de propriété, sans laquelle chaque prétendant ne peut hasarder ni constructions ni culture sur le fonds litigieux.

Ainsi, la conséquence de cet art. 17, est d'obliger les parties à des lenteurs regrettables, à des procédures ruineuses, sans aucune compensation véritable, car les membres du contentieux pourraient faire aussi bonne justice, la rendre plus prompte, et sans des frais qui peuvent devenir énormes.

Ce n'est que vers le milieu de 1847 que l'on a commencé à s'occuper de délimitation ; j'ignore si déjà on a eu, à renvoyer bien des questions de propriété devant les tribunaux ; mais des contestations de cette nature ne pourront manquer de s'élever fréquemment, car il est plus d'une propriété, en Afrique, qui a été vendue plusieurs fois par les mêmes Arabes, et à des personnes différentes ; il en est qui ont vendu des biens qui ne leur appartenaient pas, en prenant des noms qui n'étaient pas les leurs, etc., etc., et les opérations de délimitation devront durer bien des années encore, s'il faut, dans chaque occasion, en revenir devant les tribunaux civils, faire ordonner des enquêtes, des contre-enquêtes, des accessions de lieux, et après un jugement sur les résultats de cette instruction, aller recommencer de nouveau devant la Cour royale.

Certes, les huissiers, gens de loi, les mandataires, pourront trouver de nombreuses vacations, de grands avantages dans ce mode de procéder; mais beaucoup de justiciables pourront s'y ruiner, ce qui n'avancera en rien la culture des terres et la colonisation; car, pour s'en occuper, il faut que la propriété soit reconue et fixée, et que l'Etat ait éliminé les Arabes, qui dans beaucoup de lieux, se sont installés de leur pleine autorité, sur des propriétés dont les maîtres légitimes sont incertains.

Dans les conditions particulières à l'Algérie, il me semble qu'il vaudrait mieux laisser à l'administration qui a remplacé le contentieux, le soin de trancher, d'une manière absolue et définitive, *ces questions de propriété et de préférence à donner aux titres*, que d'obliger les particuliers à en revenir ainsi devant la juridiction des tribunaux ordinaires, bien qu'à mes yeux elle soit la meilleure de toutes, celle qui offre le plus de garantie; mais on est à *Alger, pays où il importe d'aller vite, et très vite*... ce qu'on ne doit pas oublier.

D'ailleurs, les fonctionnaires chargés de la délimitation des biens, ont probablement tous, la connaissance des lois civiles; puis ils sont comme les magistrats civils, hommes de bien, d'honneur et d'intelligence; et comme eux, ils peuvent faire bonne justice, et une saine appréciation des actes qui leur sont produits; seulement, il leur importera de se mettre en garde contre les exigences de l'administration des domaines ou de l'Etat même, dont les agents pourraient être (a-t-on dit, car pour moi je ne sais rien de pareil) trop enclins à vouloir tout faire rentrer dans les mains du Gouvernement, au préjudice des citoyens.

Je crois donc, par ces diverses considérations, qu'il serait utile de modifier l'art. 17 de l'ordonnance de 1846.

SEPTIÈME SECTION.

Sur les motifs qui ont provoqué l'ordonnance de 1846, et les résultats de son application.

Bien des personnes, en Normandie, ignorent avec quelle légéreté les premiers spéculateurs sur les biens de l'Afrique ont agi, et avec quelle mauvaise foi les Arabes ont vendu.

Dans l'origine, et bien qu'on ne pût, sans les plus graves dangers, sortir à plus de cinq à six kilomètres d'Alger, un bon nombre d'Arabes cependant, vendirent leurs biens, auxquels ils donnaient toujours des contenances énormes, presque fabuleuses; comme les acquéreurs n'avaient pas le moyen d'aller visiter ces biens, il leur fallait croire les vendeurs sur parole; mais, comme on traitait moyennant des rentes annuelles, avec stipulation de réduction, si la contenance promise n'existait pas, les acquéreurs risquaient, par le fait, assez peu de choses.

Les Arabes, n'ayant pas nos mesures agraires, déclaraient que chaque propriété contenait tant de paires de bœufs, 10, 20, 30 ou un plus grand nombre; c'était pour eux le moyen de fixer les contenances qu'ils assignaient à leurs immeubles; et dans les actes, on stipulait, qu'en cas de différence, *chaque paire de bœufs manquant* donnerait lieu à une réduction de la rente stipulée, soit, 4, 5 et 6 fr. par paire de bœufs.

Cette stipulation, si elle était exécutée d'une manière rigoureuse, conduirait à des résultats absurdes, ainsi que je l'indiquerai bientôt.

Quand la domination française se fut assez affermie, pour qu'on pût, sans trop d'inconvénients, se hasarder dans la plaine de la Mididja, et même plus loin, ces acquéreurs, qui se croyaient propriétaires de surfaces considérables, ne tardèrent pas à s'apercevoir combien ils avaient été indignement trompés.

En effet, telle propriété vendue pour 2,000 hectares, n'en contenait que 100, et même moins, quelques-unes n'existaient pas du tout ; et cependant, dans la prévision que plus tard, ils seraient mis en possession de ces biens, beaucoup d'acquéreurs avaient continué de servir leurs rentes, et payé à grands frais des agents qui ne faisaient rien que payer, sans même s'informer de l'existence ou de la non existence de ces mêmes biens.

Le Gouvernement ne pouvait tolérer de pareils vols, et sur les plaintes qui lui furent soumises, parut l'ordonnance de 1844, dont j'ai déjà parlé.

A l'époque de cette ordonnance, la plupart des rentes créées originairement au profit des Arabes, étaient devenues la propriété de Juifs, d'agioteurs français, qui, comme je l'ai déjà dit, en avaient traité pour rien, très souvent même, pour des prix inférieurs aux arrérages qui alors étaient dus ; l'ordonnance de 1844 porta un coup bien cruel *à ces honorables industriels,* car ils purent de suite en calculer les effets, quant à eux.

Déjà, et par application de cette ordonnance, bien des rentes ont subi des réductions *relativement* énormes; et pour ceux qui ont payé depuis leurs acquisitions jusqu'en 1844, il en est beaucoup qui, ayant à faire répéter ce qu'ils ont payé en trop (maintenant que les véritables contenances sont connues), se trouvent créanciers au lieu d'être débiteurs.

Ainsi, par exemple, si l'acquéreur d'une propriété de 500 hectares, moyennant 500 fr., l'a payée pendant dix ans (ce qui ferait 5,000 fr.), vient à apprendre que sa propriété ne contient que 100 hectares; que les tribunaux le décident ; la rente se trouve de suite réduite à 100 fr. ; mais, comme pendant dix ans il a payé 500 fr., pendant qu'il n'eût dû verser que 100 fr., il se trouve créancier de 4,000 fr., dont la restitution lui est due, et qui tout naturellement, éteignent la rente qui reste reconnue due, et lui donnent le droit de recourir, pour la différence, sur ses créanciers prétendus.

Cela doit être, est conforme aux plus simples règles de l'équité et de la raison.

Cependant, dans la pratique, cette solution semble faire difficulté pour les tribunaux de l'Algérie, quand un acquéreur se trouve en face d'un cessionnaire ; et à cette occasion, je crois utile de citer ici un exemple pour appeler l'attention de l'autorité compétente sur un pareil sujet :

Un Arabe avait vendu, en 1834 à un Français, moyennant 540 fr. de rente, une propriété qu'il avait indiquée contenir plus de 4,000 hectares.

Cette rente fut payée jusqu'en 1842; à cette époque, l'Arabe, créancier originaire, la céda à un tiers, moyennant un capital inférieur aux arrérages qu'on lui déclara être dus.

Le cessionnaire de cette rente s'étant fait connaître, et l'ayant réclamée avec tous les arrérages depuis 1834, on lui observa d'abord, qu'elle avait été acquittée jusqu'en 1842, que pour ce qui en était échu depuis, on ne le paierait que lorsqu'il aurait livré la propriété, remis les titres, etc., etc.

Une difficulté s'étant engagée, une expertise eut lieu; son résultat fut, qu'au lieu de contenir plus de 4,000 hectares, la propriété en question n'en contenait pas 800 ; qu'en conséquence, la rente originaire devait être réduite à 166 fr. au lieu de 540 fr.

Mais, comme le débiteur avait payé depuis 1834 jusqu'à 1842, près de 3,000 fr. au-delà de ce qu'il devait ; il demanda que la restitution lui en fût faite, et que la compensation s'établit d'abord, pour raison de cette somme, avec le capital même de la rente ainsi fixée à 166 fr.

Une décision assez récente, d'un des tribunaux de l'Algérie, accueillit, *en partie seulement*, cette prétention de l'acquéreur ; on décida, que la rente de 540 fr., serait réduite à 166 fr.; on mit les frais d'expertise à la charge du propriétaire de la rente, mais on ne s'expliqua pas sur la répétition et la compensation réclamée.

Il est important que cette décision ne serve pas de précédent pour d'autres, et que la sollicitude des magistrats soit éveillée, pour qu'une pareille doctrine ne puisse s'établir.

En effet, le cessionnaire d'une rente, quel qu'il soit, n'a ni plus ni moins de droits que ces cédants, il est substitué à leur lieu et place, et cette substitution ne peut en aucun cas, influer sur la position du débiteur; or, dans l'espèce dont je parle, il est évident que si l'Arabe qui avait vendu en 1834 la propriété, cause de ce débat, se fût trouvé en face de son débiteur à l'époque de la décision que je viens d'indiquer, celui-ci eût été fondé à lui dire pendant *dix* ans : *Je t'ai payé* 540 *fr. de rente, dans la pensée que tu ne m'avais pas trompé, que ta propriété avait la contenance promise ; une expertise vient d'avoir lieu, il en résulte que ta rente doit être réduite à* 166 *fr.; partant, tu dois me restituer les* 3,000 *fr. que je t'ai payés en trop, puisqu'au lieu de* 540 *fr., je ne devais que* 166 *fr. par an; si tu ne restitue pas immédiatement ces* 3,000 *fr., ta rente de* 166 *fr. va cesser immédiatement, et se compensera jusqu'à due concurrence contre les* 3,000 *fr., dont tu me dois la restitution.* Il me semble qu'il n'y a pas d'objection possible contre une pareille proposition.

La solution peut-elle changer, parce que le débiteur se trouve en face du cessionnaire? Assurément, non; car le débiteur dans ce cas, a dans les mains le gage de la restitution qui lui est due... le capital de sa rente...; on ne peut lui enlever ce gage, sans arriver à quelque chose de souverainement déraisonnable.

Sans doute, le cessionnaire, en pareil cas, aura son recours contre son cédant; c'est là son droit, son affaire personnelle; mais il ne peut obliger le débiteur d'une rente ainsi réduite, à lui en continuer le service, parce qu'il n'est que cessionnaire, sauf *à ce même débiteur* à recourir lui-même, et si bon lui semble, sur le créancier originaire, pour raison de ce qu'il a payé en trop; le tout, sous peine d'arriver à des conséquences ridicules.

Bien des questions de cette espèce se présenteront devant les tribunaux, puisque, comme je l'ai dit, la plupart des rentes des Arabes sont maintenant la propriété de spéculateurs qui en ont fait commerce. Pour ne pas nécessiter des procédures en appel, des frais considérables, il est d'nne grande utilité que la haute magistrature adopte une jurisprudence ferme, mais conforme à la raison et aux principes, afin que pour l'avenir, les cessionnaires de rentes sachent bien qu'ils doivent subir les conséquences des cessions qu'ils ont acceptées, et sans jamais pouvoir changer le droit des acquéreurs originaires, ni leur position.

Je viens d'indiquer là une des conséquences rationnelles et logiques de l'ordonnance de 1844; je suis bien aise de faire voir, en même temps, à quels résultats étranges, absurdes même, on pourrait arriver si on suivait, rigoureusement et à la lettre, les stipulations que les Arabes ont, dans l'origine, faites contre eux-mêmes, afin d'inspirer plus de confiance à ceux avec lesquels ils traitaient.

Dans beaucoup d'actes, les Arabes, comme je l'ai dit, stipulaient une réduction de 4, 5 et 6 fr. de rente, pour chaque paire de bœufs qui se trouverait manquer dans les contenances déclarées.

Si depuis l'ordonnance de 1844, on avait *judaïquement* interprété ces stipulations, maintenant qu'on sait à quoi s'en tenir sur certaines contenances; il y a des acquéreurs qui se trouveraient avoir des propriétés considérables, *qui ne leur coûteraient rien,* mais les constitueraient encore créanciers de rentes sur leurs vendeurs originaires.

Ainsi, par exemple, un Arabe a vendu une contenance de terre de 500 paires de bœufs, moyennant 500 fr. de rente, avec stipulation de 5 fr. de réduction par chaque paire de bœufs manquant; on apprend, par une expertise, que la propriété ne contient que l'équivalant de 2 paires de bœufs; voilà donc 498 paires de bœufs qui, à raison de 5 fr., vont donner lieu à 2,490 fr. de rente, au profit de l'acquéreur, qui ne devrait plus que 2 fr. pour la redevance des 2 paires de bœufs qu'il se trouverait avoir réellement !!! *De sorte qu'il conserverait cette propriété, d'une contenance de deux paires de bœufs, pour 2 fr. de rente !!!... et serait cependant créancier, sur ses vendeurs, d'une autre rente de 2,490 fr. !!!...*

Ceci peut paraître inouï, tout-à-fait absurde, cependant cela serait, si on suivait à la lettre la plupart des contrats Arabes. Si une pareille solution eût été acceuillie, *évidemment, comme je l'ai entendu dire* par un magistrat, *Robert-Macaire, lui-même, eût crié au voleur !*

Aussi, les tribunaux, en Algérie, ont admis sur cette question (quand elle s'est présentée) une solution qui, avec bien de la raison, a fait justice de ces sortes de prétentions ; ils établissent une comparaison entre le nombre de paires de bœufs déclarés, la rente constituée, et la contenance manquant, d'après la base suivante : si une propriété vendue moyennant 500 fr. de rente, pour 200 paires de bœufs, n'en contient que 50 paires, la rente est réduite du quart, ou à 125 fr., et on ne se préoccupe pas de savoir si les 150 paires de bœufs manquant, devraient d'après ce contrat, donner lieu à une rente de 750 fr. ; parce que, d'après les termes des actes produits, chaque paire de bœufs manquant, doit donner lieu à 5 fr. de rente en faveur de l'acquéreur.

Cette solution semble contraire, tout d'abord à cette règle, que les conventions font la loi des parties, qu'on doit les exécuter quand elles ne sont pas contraires aux lois, et cependant, elle est la seule rationnelle, et la seule qu'on puisse continuer de suivre.

HUITIÈME SECTION.

Sur l'expulsion des Arabes de certaines propriétés dont ils se sont mis en jouissance.

A la faveur des inquiétudes que les Français auraient éprouvées à aller occuper par eux-mêmes (dans les plaines de l'Algérie) les biens dont ils étaient devenus acquéreurs, des Arabes se sont installés sur ces mêmes propriétés, y ont posé leurs tentes, et s'y livrent à la culture.

Cette culture en elle-même, est une chose utile au pays, mais elle augmente encore les embarras que les acquéreurs de ces biens éprouvent pour s'en mettre en possession, maintenant que dans la Mitidja, par exemple, on peut circuler et habiter sans crainte.

En effet, en présence de l'ordonnance de 1844, qui met en suspicion la valeur de tous les titres d'acquisitions, jusqu'à ce que l'administration supérieure ait statué sur leur suffisance, on éprouve une hésitation véritable à employer la voie judiciaire pour réclamer contre ces mêmes Arabes, la possession des terrains dont ils jouissent, afin de les en faire expulser ; parce que cette mesure peut donner lieu à des démarches et à des frais assez considérables, dont le succès peut devenir insignifiant, *si les titres dont on se prévaut peuvent se trouver ultérieurement annullés, lors de leur vérification par l'autorité compétente.*

Il est remarquable que bon nombre de ces Arabes (si on doit les en croire) paient des rentes à des *marabouts* ou à des *scheiks*, qui jouent vis-à-vis d'eux le rôle de propriétaires sérieux. Bien des abus de ce genre existent encore maintenant ; cependant, et sans attendre que le contentieux ait statué sur les délimitations, la reconnaissance des titres, il y aurait vraiment justice à ce que l'administration subvînt aux particuliers, pour les établir sur les propriétés dont ils établissent avoir fait l'acquisition, bien qu'on ne doive statuer qu'ultérieurement sur le mérite de leurs actes.

Cette initiative de l'administration serait favorable à l'installation de ceux des acquéreurs de ces biens, qui, par eux-mêmes ou des fermiers, voudraient dès à présent, faire cultiver ; elle préviendrait des collisions, des haines avec ces Arabes, possesseurs actuels, qui, prêts à obéir aux injonctions de l'autorité, ne manqueront pas de résister énergiquement aux réclamations qui leur seront faites par des particuliers.

L'inconvénient que je signale ici, se présente surtout pour toutes les compagnies ou les réunions d'individus qui ont acheté de nombreuses propriétés en Afrique, dans un but de spéculation, et pour les revendre en détail.

Ces compagnies ne peuvent mettre d'agents particuliers sur chaque terre, ne peuvent y élever des constructions pour établir des fermes, puisqu'elles ignorent si elles resteront propriétaires, tant que la vérification de leurs titres n'aura pas eu lieu, et c'est elles aussi qui ont le plus souffert de ces invasions des Arabes sur leurs fonds, et ont offerts aux marabouts, à des scheiks *et à d'autres encore peut-être,* le moyen de s'attribuer tous les avantages de la propriété et des locations, qu'ils font payer à leur profit personnel, au préjudice des véritables propriétaires.

En général, on paraît s'être toujours montré peu favorable à ces compagnies, qu'on a considéré, non pas sans raison peut-être, comme des obstacles au progrès de la colonisation, car bon nombre de leurs membres n'ont pas en vue la culture, mais seulement la spéculation.

Puis, si parmi ces individus il s'en trouve ayant de bonnes intentions, elles sont souvent paralysées par l'indifférence ou le mauvais vouloir de leurs *co-sociétaires* par les besoins des uns, la jalousie des autres, qui ne veulent l'exécution d'aucune mesure, si utile qu'elle soit, dès qu'ils n'en ont pas l'initiative, et un avantage immédiat..., exclusif..., mais peut servir un peu à l'intérêt à venir de l'Algérie.

Quoi qu'il en soit de ces tiraillements fâcheux, qui tiennent au défaut d'une grande force d'organisation de ces sociétés et au personnel de leur formation, il faut bien reconnaître qu'elles se composent d'individus ayant droit, comme tous les particuliers, à la protection efficace de l'administration, et qu'on ne doit pas, à raison de leur position particulière, leur refuser un concours dont elles ont d'autant plus souvent besoin, qu'elles ont des intérêts plus nombreux, et fréquemment des représentants incapables ou négligents, si parfois, on ne peut aller plus loin.

D'ailleurs, on ne doit pas perdre de vue que cette négligence qu'on leur impute, ce défaut de culture, prend sa source dans ce fait, que leurs titres n'étant pas validés, ils ne peuvent à grands frais, établir des exploitations sur des terres qui pourront être jugées ne pas leur appartenir.

Mais, en attendant les décisions à intervenir à ce sujet, ne serait-il pas convenable, ou d'expulser les Arabes dont j'ai parlé, ou de les obliger à payer un loyer quelconque pour les terres dont ils jouissent, et cela aux propriétaires actuels, ou se prétendant tels ?

Ne serait-il pas juste d'obliger ces Arabes (quand leur occupation remonte à plusieurs années), à payer une redevance proportionnée, comme équivalent de loyer ? Ne serait-ce pas, pour ces compagnies, un moyen d'être indemnisées des rentes qu'il leur a fallu payer, des plans qu'elles ont fait dresser, etc., etc., bien qu'elles ne fussent pas en jouissance de ces mêmes biens ?

N'y aurait-il rien de mieux à faire vis-à-vis des marabouts, des scheïks, et de tous ceux qui se sont, à l'occasion de ces biens, fait payer des redevances pour ces mêmes Arabes ?

Il me semble que ces questions pourraient bien mériter aussi l'attention de l'autorité supérieure, car ceux qui voudront s'occuper de culture, sans attendre qu'on ait statué sur la validité des titres de propriété, ne voudront en faire *que là, où ils pourront s'en occuper sans difficulté, sans tracasserie possible.*

CONCLUSION ET FIN.

J'ignore quel accueil pourra être fait à mon œuvre et aux idées de colonisation partielle qu'elle a principalement en vue; il m'a fallu, cependant, une foi bien vive, qu'elle pouvait être utile, pour en risquer la publication, car on m'a plus d'une fois répété qu'il ne fallait pas espérer trouver des colons en Normandie pour aller en Afrique, que l'Algérie était un pays malsain, dangereux à habiter, *qu'on serait obligé de quitter au premier jour;* j'ai eu plus d'un avis de cette espèce, donné avec tout l'aplomb et toute l'assurance qu'éprouvent certaines personnes, après avoir reçu leurs inspirations du soir de l'article du journal qu'elles ont lu le matin.

Je n'ai certes pas la prétention de me poser en *grave docteur* sur ce qui a trait à l'Algérie, mais au moins, j'y *ai mis le pied*, j'ai lu plusieurs des écrits qui s'y rattachent; je dois donc être plus à même d'avoir une *opinion, bonne* ou *mauvaise,* sur ce qui y serait possible, ou m'y semblerait utile, que ceux qui, sans avoir rien vu, et sans aucun examen préalable, condamnent si légèrement tout ce qui concerne ce pays, et l'administration et ses agents, voir même les ordonnances qui le régissent, et qu'ils n'ont jamais lues; qui proclament bien haut que c'est duperie de tenter quelque chose en Afrique, parce que déjà, elle n'a pas produit des *millions* à tous ceux qui y ont acheté (*pour les laisser incultes*), quelques propriétés, il y a douze à quinze ans, comme si de la terre, si bonne, si fertile qu'elle soit, pouvait produire sans être cultivée et ensemencée ! ! ! comme si, d'ailleurs, on pouvait improviser de véritables cultivateurs ! ! !

Maintenant que j'ai terminé la tâche que je m'étais imposée, je forme bien ardemment des vœux pour que, dans le département de la Seine-Inférieure, on reste convaincu que si l'Algérie nous impose des charges, l'avenir peut les compenser généreusement, si des hommes déjà aisés et honorables voulaient s'associer pour y fonder, *non pas en spéculateurs*, mais en gens de bien, quelques grandes exploitations agricoles, d'après le projet que j'ai développé, et en lui faisant subir les diverses modifications qu'il peut comporter.

Leur coopération exciterait les efforts de la spéculation privée, que l'espoir des grands bénéfices conduirait à faire aussi de la culture dans ce pays, et cette spéculation, quoique moins honorable dans son principe, n'en serait pas moins utile et profitable.

Le département de la Seine-Inférieure compte, dans les diverses classes de ses habitants, un grand nombre de citoyens, qui, sans en éprouver aucune gêne, pourraient employer un capital de 1,000 fr. pour contribuer à former une association d'après mes idées et le but que j'ai expliqué ; pour moi, leur succès serait assuré, ils trouveraient tout le bon vouloir possible près de la haute administration, qui ne verrait pas en eux des *marchands de biens ou de rente*, mais des hommes animés de vues utiles, de projets qui ne pourraient que leur obtenir les plus vives sympathies de tous les grands pouvoirs d'Afrique. Pendant le peu de temps que j'ai passé dans ce pays, plusieurs fonctionnaires appartenant à l'armée, à la justice, à l'administration civile, m'ont témoigné une bienveillance qui m'a vivement touché, mais, que je n'ai due qu'à ce seul fait, que je leur annonçais mon désir, ma ferme volonté de contribuer de tous mes efforts à la colonisation et à l'émigration de quelques *ouvriers agriculteurs de choix, et de la Normandie.*

J'adresse ici à ces divers fonctionnaires, l'expression de ma profonde reconnaissance; mon travail (tout imparfait qu'il puisse être), sera pour eux la meilleure preuve de la sincérité des intentions qu'ils m'ont permis de leur manifester ; mais, pour ne pas être stériles, il faudrait que ces intentions soient adoptées et suivies, non-seulement par les membres de la Compagnie Rouennaise, mais encore par nos compatriotes de la Seine-Inférieure , qui donneraient ainsi un véritable élan à la colonisation.

Or, ma position personnelle est trop modeste, pour donner à mon projet de colonisation une valeur sérieuse ; son succès ne pourrait avoir lieu qu'autant que quelques hommes, plus haut placés, se chargeraient de le patronner, d'en développer les idées, c'est donc leur concours que je réclame, au nom de l'Afrique, et dans l'intérêt de notre département ! ! !

Après avoir formulé un projet de grande exploitation agricole, j'ai hasardé des réflexions sur des modifications à apporter dans diverses ordonnances, parce que ces modifications me semblent se lier intimement aux développements de la colonisation, et propres à protéger d'autant mieux les intérêts qui viendraient à s'établir en Algérie.

En admettant que j'aie pu dire quelque chose d'utile à ce point de vue (et malgré ma conviction contraire, j'aurais pu me tromper), ces modifications ne pourraient être obtenues qu'autant que quelques-uns des membres de la Pairie, ou de la Chambre des Députés (et appartenant à notre département), consentiraient à les examiner ; car leur approbation, si je l'obtenais, les mettrait à même de les reproduire en leur nom auprès des Ministres du Roi, d'appeler leur attention spéciale, et au besoin, les faire admettre, s'ils en reconnaissaient la justesse.

A cette occasion, qu'on me permette d'expliquer ma pensée toute entière.

J'ai dit que ce qui concernait l'Algérie, était peu connu dans le département de la Seine-Inférieure, et je crois qu'on en peut dire autant pour un bon nombre des membres de la Chambre des Députés, qui ne devront voir, dans cette opinion, rien qui ressemble à un reproche ou à une quasi censure.

En arrivant à la Chambre, chaque membre peut bien avoir ses idées générales arrêtées sur l'ensemble de la politique du Gouvernement; mais bon nombre d'entre eux connaissent mieux encore les intérêts spéciaux à leur département ; or, avec ces idées, on ne descend pas toujours, et rarement on pourrait descendre, dans ce qui constitue des détails d'administration ; parce que l'aptitude de chacun ne peut se prêter à examiner utilement et avec soin tout ce qui a rapport à la guerre, aux finances, à la justice, etc., etc.; un militaire s'occupe peu de ce qui a trait à la procédure, un marin de ce qui a trait aux finances, et un négociant est moins apte à traiter ces deux premiers sujets, que les lois de douane; il suit de là, qu'un bon nombre suivent les inspirations des hommes spéciaux, *sur les matières* qui sont soumises à leurs délibérations, en prenant pour guide leur conscience, qui leur fait rejeter ou approuver les mesures proposées.

L'Algérie étant *gouvernée par des ordonnances,* donne lieu, par cela même, à moins de discussions à la Chambre; à part ce qui concerne son budget, toujours œuvre du ministre de la guerre, ce qui la concerne est moins connu, et sauf le vote des subsides, un certain nombre de députés doivent avoir peu d'opinions personnelles bien réfléchies, bien sérieusement arrêtées, sur les divers détails qui constituent l'administration algérienne, *et les améliorations dont elle est, ou pourrait être, susceptible.* Si Messieurs les députés de la Seine-inférieure consentaient s'en occuper d'une manière plus directe, à raison des intérêts du département qu'ils représentent, il est présumable que leur exemple serait suivi, et déterminerait, chez leurs autres collègues, des préoccupations plus attentives sur tout ce qui intéresse ce pays, qui ne pourrait qu'y gagner.

Ce n'est pas tout encore: dans les premiers temps de la conquête, l'attention du Gouvernement se portait, et devait se porter, exclusivement sur tout ce qui était relatif à la guerre ; il fallait que l'armée remplit sa tâche (et elle l'a bien et noblement remplie), nous assurât une possession, avant qu'on put songer à organiser une administration civile et judiciaire, qui devaient se ressentir des circonstances de leur institution ; aussi, et jusqu'à ce jour, tout ce qui a trait à ce pays, est-il d'ordinaire préparé dans les bureaux de la guerre, et à part les nominations judiciarès (*là où des tribunaux civils ont été créés*), dont M. le Ministre de la justice s'occupe, concurremment avec son collègue de la guerre, l'action des autres grands pouvoirs publics est peu apparente, *si elle existe*; il s'en suit que tout le fardeau de l'Algérie pèse, d'une manière exclusive, sur M. le Ministre de la guerre, et ce qui est relatif à l'armée et aux finances, aux travaux publics, aux domaines, à la marine, etc., etc.

Qnelle que soit la capacité d'un ministre, son dévoûment au pays, au Roi, *j'admets difficilement qu'il puisse être une véritable encyclopédie vivante*, et que tout ce qu'il prescrit sur des matières si différentes , soit en rapport avec la droiture et la loyauté de ses intentions; il ne peut *tout voir, tout faire* par lui-même, car il n'est *qu'un homme*, quoique *ministre...* et la force humaine a ses limites...

Encore, s'il pouvait recevoir souvent les conseils de ses collègues, il pourrait en tirer profit pour les mesures qu'il a à prendre.

Mais, au milieu des *luttes incessantes de la politique, des tiraillements et de la mauvaise foi des partis, des ambitions qui s'agitent*, les unes pour renverser nos institutions et *la dynastie de* 1830, les autres *seulement pour arriver au pouvoir*, et en déplacer ceux qui le possèdent, il faut bien le reconnaître, les ministres du Roi ne peuvent eux-mêmes tout deviner sur l'Afrique, tout y faire improviser pour le mieux, et donner, à cet égard, à leur collègue de la guerre, leurs inspirations propres au moins, *comme bien profondément réfléchies.*

Ils ne peuvent, pour avoir ces opinions personnelles, livrer et dévorer tous les projets qui sont préparés dans les bureaux de la guerre, et qui sont en dehors de leurs attributions..., *ou qui leur sont adressés par des tiers, parce que ces projets* se ressentent, ou des intérêts, ou des passions de leurs auteurs ; un pareil examen leur serait impossible ! ! !

Si ces propositions sont vraies, on comprendra que si les membres de nos deux Chambres, appartenant à la Seine-Inférieure, voulaient examiner les quelques améliorations que j'indique, comme me semblant possibles, et partegeaient mes impressions, combien ils seraient, mieux que personne, à même de les faire prévaloir ; leurs avis auraient de la portée et une véritable signification, ils seraient accueillis avec plaisir, étudiés avec conscience..., car, c'est une erreur de croire (au moins j'en suis convaincu) que nos Ministrs rejettent tout ce qui n'a pas leur initiative...

Qu'ils repoussent ce qu'on veut leur imposer, l'injure ou la menace à la bouche... je le conçois..; mais, lorsque des conseils seraient donnés par des hommes *graves, sérieux,* qui ne séparent jamais *la dynastie de* 1830 *de nos institutions,* et qui professent pour toutes deux *un même et indivisible culte,* ces conseils seraient reçus, écoutés, et au besoin suivis, s'ils étaient reconnus bons.

Ainsi, et en me résumant, en admettant qu'on ne doive pas créer prochainement encore, et dans chaque ministère, une division spéciale pour l'Algérie, afin que chaque Ministre ait individuellement à s'occuper de ce pays, au moins, dans ma pensée il serait utile 1° que *tout ce qui a trait à la justice,* depuis l'huissier, le greffier de justice-de-paix, jusqu'aux plus *hautes fonctions judiciaires,* que le tout, dis-je, ressortit directement du Ministre de la justice, que ce Ministre eût dans son département une division ou un bureau spécial, n'ayant rien de commun avec l'administration de la guerre; 2° que la magistrature, *là où elle est établie en Algérie,* fût inamovible !

C'est sur ces diverses questions, et les améliorations indiquées dans la troisième division de ma Brochure, que j'appelle et provoque l'attention de MM. les Pairs et Députés appartenant à la Seine-Inférieure.

Si, dans leur ensemble mes idées sont bonnes, et leur paraissent telles, qu'ils veulent bien aider à leur adoption!! si elles leur paraissent mauvaises ou inopportunes, qu'ils les rejettent !! si quelques-unes seulement leur paraissent utiles, qu'ils veulent bien contribuer à en assurer le succès !!!

Mais, pour avoir une opinion, à cet égard, qu'ils daignent parcourir et examiner mon travail, je leur en adresse la prière, et qu'avant d'avoir lu, ils ne me répondent pas, *comme on me l'a fait craindre,* avec un humiliant dédain :

Ne sutor ultra crepidam

TABLE

DES MATIÈRES.

ROUEN.—IMP. DE A. SURVILLE, RUE DES BONS-ENFANTS, 46-48,
IMPRIMEUR DE LA COUR ROYALE.